JN121240

奥州南部観音霊場巡り
糠部三十三札所

滝尻善英

デーリー東北新聞社

推薦のことば

糠部三十三観音の御利益を

瀬戸内　寂聴

巡礼がブームとなって、全国的に広がっている。それは人々の心が複雑な混迷の世相に不安を感じ、心の平安を求めているからだろう。

四国八十八カ所や、西国三十三観音の巡礼が盛んだが、日本には古来、あらゆる地方に、仏道が通じていて、人々はそこに祀られた仏たちを巡拝して、心と体を癒していただき、生きる勇気と智慧をいただいてきた。

東北にも仏たちがおびただしく在(いま)して、人々の信仰を集めてきた。

晋山 30 年を記念して天台寺で行われた瀬戸内寂聴氏の
特別法話＝平成 29（2017）年 5 月 5 日

糠部三十三観音は、みちのくの岩手県、青森県の観音信仰を表すもので、古くから踏み固められた巡礼の道は、今も絶えていない。

私は天台寺に晋山した一九八七年、すぐ巡拝してみたが、その時は、道が整備されていず、札所の所在を町の人さえ忘れ去り、苦労した。今、こうして由緒深い糠部三十三観音巡礼の道が精確に調査され、寺の由来も教えられ、道案内まで示された本となって出版されたことは、打ち上げ寺天台寺名誉住職としては、こんな有難い果報はない。

この一冊によって、さらに多くの善男善女の巡礼を糠部三十三観音に迎え、御利益がその人々にもたらされることを切に祈るばかりである。

（天台寺名誉住職、作家）

瀬戸内 寂聴（せとうち・じゃくちょう）
1922年、徳島市生まれ。作家、僧侶。東京女子大学卒業。
57年『女子大生・曲愛玲』で新潮社同人雑誌賞、61年『田村俊子』で田村俊子賞、63年『夏の終り』で女流文学賞受賞。73年に平泉中尊寺で得度受戒。法名・寂聴。
92年『花に問え』で谷崎潤一郎賞、96年『白道』で芸術選奨文部大臣賞受賞。97年文化功労章受章。98年『源氏物語』現代語訳完訳。2001年『場所』で野間文芸賞、11年『風景』で泉鏡花文学賞受賞。18年朝日賞受賞、星野立子賞受賞。06年イタリア国際ノニーノ賞、文化勲章受章。07年比叡山禅光坊住職に就任。08年安吾賞受賞。その他主要作「美は乱調にあり」「青鞜」「諧調は偽りなり」「比叡」「手毬」「釈迦」「秘花」「奇縁まんだら」「死に支度」「求愛」「いのち」など多数。

ごあいさつ

なんのために巡礼を始めるのでしょうか。

「自ら悟りを開かんとするため」「故人や先祖の供養のため」「病気平癒のため」「諸願成就のため」「自分探しのため」など、巡る人によって目的はそれぞれ違います。目的はなんであれ、観音菩薩に手を合わせ、お参りすることに意義があるといえるでしょう。

「糠部三十三札所」の霊場には観光名所がたくさんあります。しかし、御朱印集めやインスタ映えを楽しんで旅気分を味わうばかりではなく、無事に発願から結願に至ることへの感謝の心が大切です。

また、各霊場の故事来歴には、明らかにあり得ない創作の伝承が数多くあります。記録や金石文を残すことのなかった時代、人々は口コミによって観音菩薩の存在を知り、霊験記を伝えてきました。そのことによって御利益と慈悲を感じ、信仰を深めていったのです。

御詠歌にも詠まれる「念彼観音力」とは、「災難に遭ったとき『南無観世音菩薩』と念じよ」という意味で使われています。

寛保3（1743）年、則誉守西上人は自らが先頭に立ち、炎天の下、「糠部三十三札所」を巡拝し続けました。いずれも歴史的にも環境的にも素晴らしい霊場です。「求める心あらば喜びは還る―」。

巡礼はよく「三つの効（コウ）がある」といわれます。それは「信仰」「健康」「観光」の三本立て。「糠部三十三札所」は数ある霊場の中から選ばれただけあって、どこも実にユニークな伝説や縁起を伝え、霊験があります。観音菩薩と「同行二人」。心の共感を味わいながら、ロマンあふれる観音ワールドへの癒やしの旅路へ踏み出してみようではありませんか。

滝尻　善英

①一番札所 寺下観音の「寺下の滝」。令和元（2019）年10月の台風19号の大雨で崩壊が見られた＝同年5月1日撮影
②九番札所 糠塚・大慈寺の本堂須弥壇（しゅみだん）に安置されている本尊の聖観音座像
③俳諧師・三峰館寛兆（さんぽうかんかんちょう）の嘉永年間『道中双六（すごろく）』に描かれた二十八番札所 岩谷観音堂（八戸市立図書館所蔵）
④十一番札所 南宗寺の境内に並ぶ「西国（さいごく）三十三札所」の石仏
⑤二十五番札所 悟真寺の名所、「西国三十三札所」洞窟観音
⑥二十九番札所 鳥越観音堂への入り口に立つ大鳥居

目　次

＊本文中の太字部分は、巻末で用語解説されています

はじめに

●「糠部」の読み方

「糠部三十三札所」の「糠部」について「なんと読むのですか」と、よく質問を受ける。「ぬかのぶ」「ぬかのべ」「ぬかぶ」「ぬかべ」など、さまざまに読むことができる。

答えは「いずれでもいい」ということである。ただ、現在は「ぬかのぶ」「ぬかべ」と呼ぶのが一般的である。

糠部とは、北緯40度の太平洋側の広大な地域を指しており、糠部の「読み」として初めて史料に登場するのが正中2（1325）年9月の『安藤宗季譲状』（新渡戸文書）である。その古文書に「ゑそ（蝦夷）のさた（沙汰）ぬかのふ（糠部）うそりのかう（宇曽利の郷）」とあることから、「ぬかのふ」、いわゆる「ぬかのぶ」が正式な名称といえる。

長い歴史の中で徐々に呼び方が多様になり、「ぬかのぶ」でなければならないわけではなくなったという現状である。

その糠部地方は、古代日本においては辺境の地として捉えられてきたが、三十三札所には**坂上田村麻呂**、**慈覚大師（円仁）**、藤原有家、**平重盛**、**恵心僧都（源信）**、**聖徳太子**、**長慶天皇**、**南祖坊**などにまつわる数多くの伝説が残っている。特に一番札所の寺下観音堂（階上町）と三十三番札所の天台寺観音堂（二戸市）のどちらにも**行基**伝説が伝わる点が目を引く。これらは全て観音信仰に関係する物語である。観音菩薩は糠部地方の庶民の心に浸透し、地域の中で親しまれ、語り伝えられてきたのである。

●観音菩薩とは

観音菩薩は、われわれ**衆生**のさまざまな苦しみや悲しみを取り除き、幸せへと導いてくれる「抜苦与楽」の仏尊として広く信仰されてきた。経典『観世音菩薩普門品』で33の姿をもって救済すると説かれていることから、33カ所の観音巡りが行われるようになった。33という数字は「無限」を表し、時空を超えて人々を救ってくれるという。

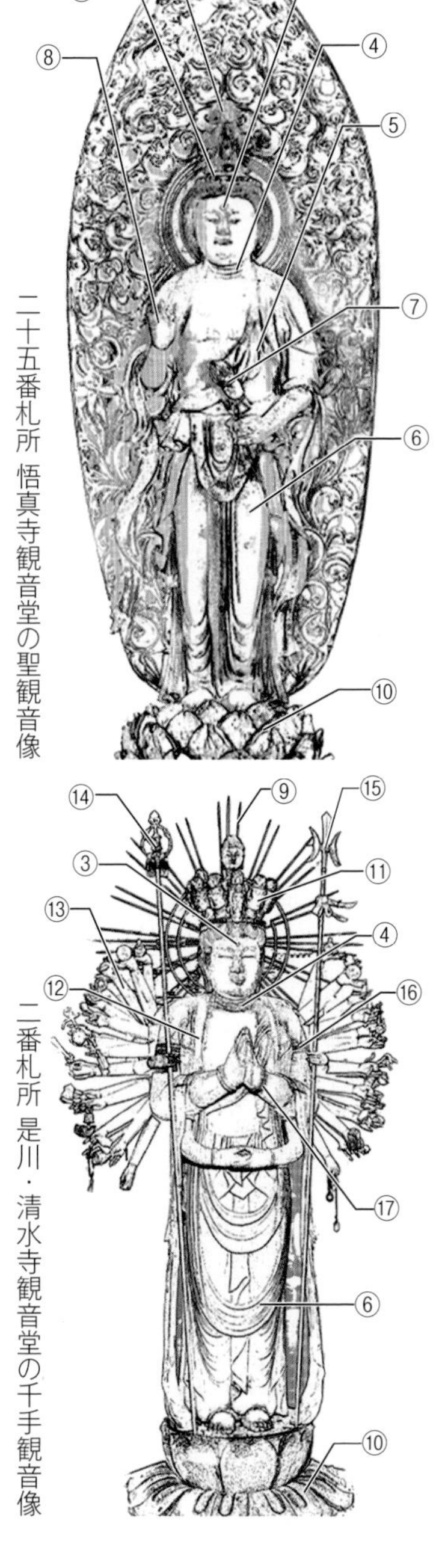

二十五番札所　悟真寺観音堂の聖観音像

二番札所　是川・清水寺観音堂の千手観音像

観音像の部位名称

①**宝髻　ほうけい**　結い上げた頭髪

②**宝冠　ほうかん**　装身具で、宝石で飾った冠

③**白毫　びゃくごう**　眉間にある白い巻き毛の渦。水晶を嵌入（かんにゅう）することが多い

④**三道　さんどう**　首に刻まれた3本の皺

⑤**条帛　じょうはく**　上半身に斜めに掛ける、たすき状の布

⑥**裙　くん**　下半身にスカートのように裾を巻いた布

⑦**持物　じもつ、じぶつ**　仏像の持ち物

⑧**印、印相　いん、いんぞう**　救いの内容を表した手の形

⑨**光背　こうはい**　徳が高く尊い神仏の身体から発せられる光明（後光）

⑩**蓮華座　れんげざ**　蓮の花の形に作られた台座。蓮台（れんだい）、蓮華台ともいう

⑪**化仏　けぶつ**　仏像の頭部に置く小型の仏像

⑫**天衣　てんね**　身体にショールのようにまとう細長い布

⑬**千手　せんじゅ**　千本の手。全ての手のひらに目があり、生きとし生けるものを救う。本来は千本だが、仏像の多くは42本に省略。これを四十二臂（しじゅうにひ）形式という

⑭**錫杖　しゃくじょう**　先端に金属製（錫製）の輪が付いた杖。杖を突くときの音が悪を退ける

⑮**三鈷戟　さんこげき**　先端が三つに分かれた武器。悪を断ち切る

⑯**臂釧　ひせん**　上腕に着ける装身具

⑰**腕釧　わんせん**　手首に着ける装身具

各霊場では、次のような姿でいずれかの観音像がお迎えしてくださる。

①聖(しょう)観音　変化の元となる最もシンプルな姿
②十一面観音　11の顔で360度のあらゆる方角を見て衆生を救う姿
③千手観音　千本の手を持ち、より多くの手を衆生に差し伸べる姿
④如意輪(にょいりん)観音　どんな願いもかなえるという法輪と宝珠を持って片膝を立てた姿
⑤馬頭観音　頭の上に馬の頭を載せた忿怒(ふんぬ)相で、その馬首が秣(まぐさ)を食べるように衆生の煩悩を食べるという。糠部地方では「蒼前様(そうぜんさま)」として信仰される。三面八臂(はっぴ)の姿
⑥准胝(じゅんてい)観音　夫婦円満、子宝の御利益など女性を守るとされる。八臂または十八臂の姿
⑦不空羂索(けんさく)観音　不空とは宇宙を表し無限、羂索は投げ縄のことで、逃すことなく全ての衆生を救済すると信じられる。三つ目の多臂の姿

●糠部三十三札所について

「糠部三十三札所」の中で最も有名なのは、八戸の天聖寺8世の則誉守西(そくよしゅさい)上人が隠居後に決択した寛保3（1743）年のものであるが、他にも過去に幾つかの巡礼が存在していた。その中で最も古いのが永正9（1512）年の天台寺の観光上人によるものである。

この巡礼は一番札所を天台寺観音堂（二戸市）とし、三十三番札所を長谷寺（恵光院、南部町）で締めくくっている。当時の巡礼札が4枚残っており、現在いずれも岩手県および青森県の県有形民俗文化財の指定を受けている。

守西上人は観光上人の巡礼を基にして、新たな「糠部三十三札所」を巡ったのである。その後、天台寺は巡り納めの霊場として定着する。

こうして江戸時代後半になると、一般民衆の間で巡礼が盛んになっていく。同時に**檀家**制度が確立され、寺院信仰が形骸化してきたことから、守西上人や奇峰(きほう)学秀(がくしゅう)、津要玄梁(しんようげんりょう)、真法恵賢(しんぽうえけん)ら当地方の名僧が、民衆教化のため信仰の本質を回復しようと尽力した。また、守西上人と親交のあった世界的思想家・安藤昌益も登場してくるのである。

守西上人たち総勢14名の観音講の一行は寛保3年6月3日から15泊16日で、本格的な巡礼衣装を身にまとい「糠部三十三札所」を巡っている。守西上人は八戸に帰った後、「順礼次第記」と「順礼文序記」を書き上げ、『奥州

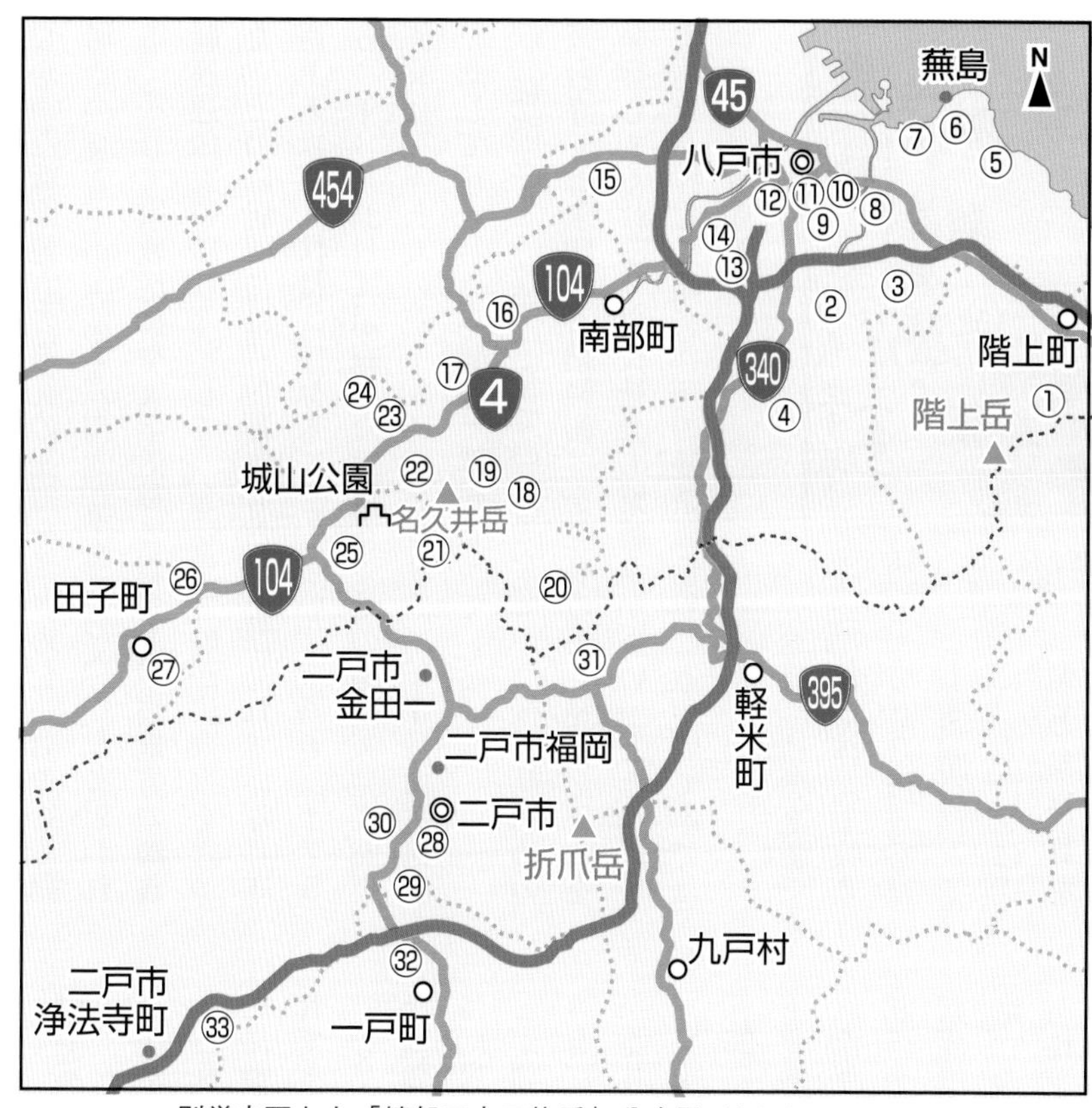

則誉守西上人「糠部三十三札所」分布図（丸数字は札所番付）

①寺下観音堂＝階上町
②是川 清水寺観音堂＝八戸市
③松館 岡田観音堂＝八戸市
④島守 高山観音（高山神社と高松寺）＝八戸市
⑤鮫 白浜観音堂＝八戸市
⑥白銀 清水川観音堂＝八戸市
⑦岩淵 新山権現堂観音（別雷神社）＝八戸市
⑧新井田 浄生寺観音＝八戸市
⑨糠塚 大慈寺観音堂＝八戸市
⑩朔日町 来迎寺観音＝八戸市
⑪南宗寺横枕観音＝八戸市
⑫根城 隅の観音堂＝八戸市
⑬坂牛 坂牛観音堂（坂牛八幡宮）＝八戸市
⑭八幡 櫛引観音堂＝八戸市
⑮七崎山 徳楽寺観音（普賢院）＝八戸市
⑯斗賀 霊現堂観音（斗賀神社）＝南部町
⑰相内 相内観音堂＝南部町
⑱作和 外手洗観音堂＝南部町
⑲名久井 法光寺観音堂＝南部町
⑳鳥谷 矢立観音堂＝南部町
㉑梅内 野瀬観音堂＝三戸町
㉒恵光院 長谷観音堂＝南部町
㉓門前 早稲田観音堂＝南部町
㉔古町 隅ノ観音堂＝南部町
㉕悟真寺観音堂＝三戸町
㉖下田子 清水寺観音（真清田神社）＝田子町
㉗七日市 釜淵観音堂＝田子町
㉘福岡 岩谷観音堂＝二戸市
㉙鳥越山 鳥越観音堂＝一戸町
㉚石切所 朝日山観音堂＝二戸市
㉛晴山 観音林観音堂＝軽米町
㉜一戸 実相寺観音堂＝一戸町
㉝浄法寺町 天台寺観音堂＝二戸市

南部糠部順礼次第』と題して2文を一つとし、絶えて久しかった糠部地方の巡礼の記録をまとめた。おそらく隠居所の長者山山寺の念仏堂で筆を執ったのだと思われる。そして宗教活動や文学活動に親しみ、当地方の**源義経**逃避伝説の語り部として、念仏堂で静かに余生を送った。その隠居所には八戸藩主もたびたび訪れている。守西上人は三人**扶持**（ふち）（俸禄米）をもらい、宝暦6（1756）年3月25日に**示寂**（じじゃく）した。現在、その地に天聖寺23世徳誉昌龍（しょうりゅう）上人らが平成19（2007）年4月に巡礼を記念して建立した「**発心**（ほっしん）」碑が立っている。

「糠部三十三札所」全ての霊場を巡った後、札納めの天台寺で御朱印帳（納経帳）を見せると「**結願**（けちがん）**之証**」を発行してくれる。現代社会の繁雑さからいっとき逃れ、霊場を巡拝して観音菩薩の**曼荼羅**（まんだら）世界に近づいてみてはいかがだろうか。

「結願之証」は、「糠部三十三札所」満願の証しである

※「結願之証」は1体（1枚）200円。参拝1週間前までに、天台寺に氏名と参拝日をファクスで連絡する。電話兼ファクス番号0195（38）2500

●その他の青森県内の巡礼

明治になると、三戸の俳諧師・松尾頂水（ちょうすい）の「糠部三十三札所」巡りが盛んになってくる。これまで頂水が新たに御詠歌を作り、文学的価値の高いものにしたといわれてきた。ところが過日、洋野町史編さんの際、文政2（1819）年に石倉助次郎の求めによってまとめられた『御國三十三所霊場御詠歌順禮記』が見つかり、頂水は同書を参考に「糠部三十三札所」の御詠歌を作ったことが判明した。その頂水の御詠歌を記した明治18（1885）年の額が、十九番札所の法光寺（南部町）と三十三番札所の天台寺（二戸市）にそれぞれ納められている。

三十三札所は糠部地方だけに限らず、津軽地方には甚五郎による寛延4（1751）年の「津軽三十三札所」、下北地方には円通寺（むつ市）が所蔵する**扁額**（へんがく）に記載された寛政8（1796）年の「田名部海辺三十三札所（下北三十三札所）」、糠部地方と上北地方の霊場を合わせた寛政年間（1789～1801年）の「七戸南部**補陀洛**（ふだらく）」などがあり、江戸時代後半になると一般民衆の間で巡礼が盛んになっていく。

『八戸藩（目付所）日記』元文4（1739）年12月13日条には「一　殿様八時過本寿寺へ被遊　御佛参夫より天照寺隠居へ被為　入夜五時御機嫌能被遊御帰」「一　天聖寺隠居江三人扶持被成下之旨被　仰出御隠居家におゐて御用人より申渡」と記され、守西上人の隠居所を八戸藩主がたびたび訪れていることが分かる（八戸市立図書館所蔵）

『八戸藩（目付所）日記』宝暦6（1756）年3月26日条には「一　天聖寺隠居長病之處夜前病死之由届有之」と記され、守西上人の示寂について触れている（八戸市立図書館所蔵）

松尾頂水が明治 18（1885）年に奉納した「糠部三十三札所御詠歌奉納額」。三十二番札所を似鳥の観音堂に定めていたことが読み取れる（三十三番札所 天台寺所蔵）

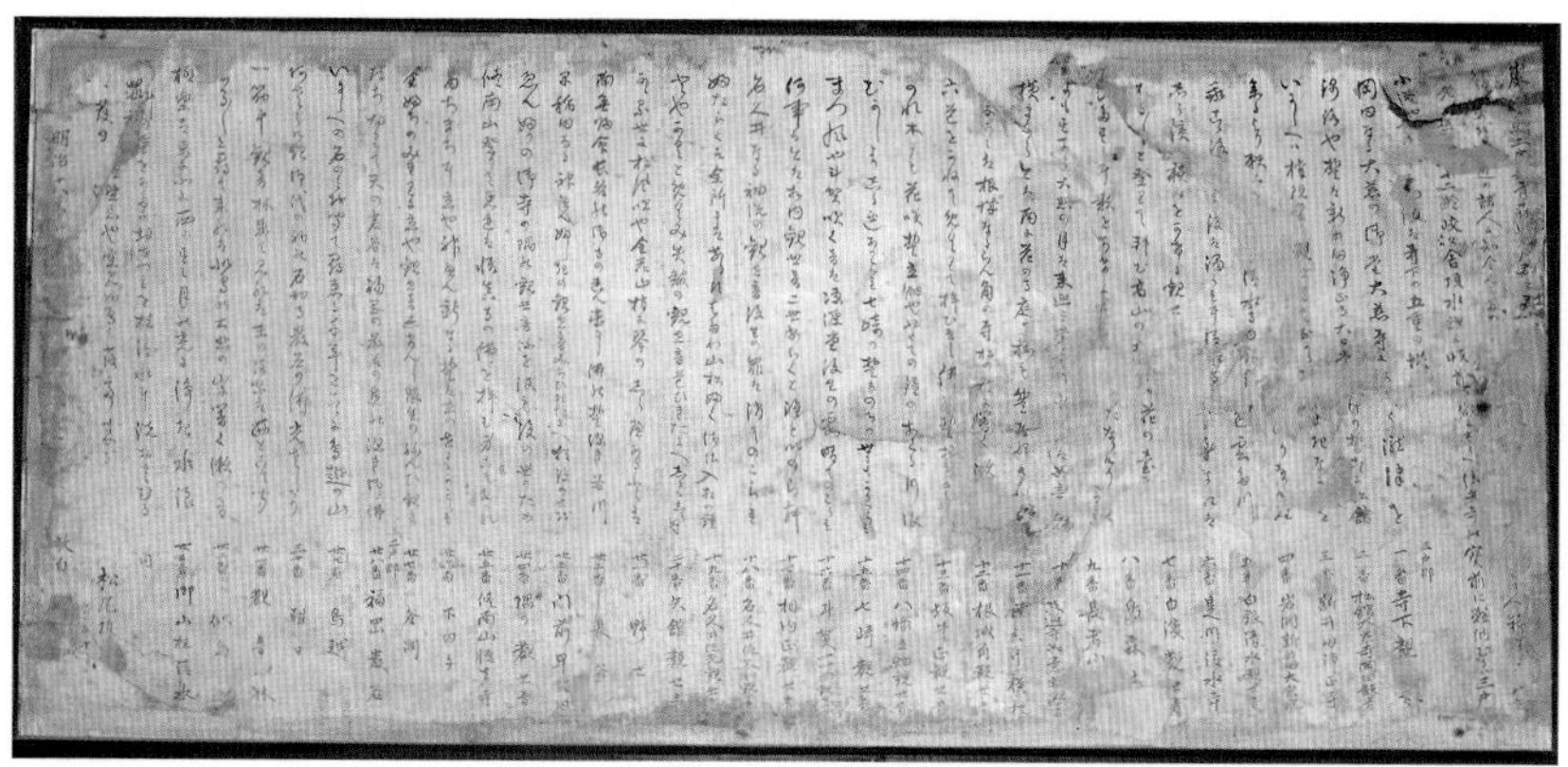

松尾頂水が明治 18（1885）年に奉納した「御詠歌番付扁額」（十九番札所 法光寺所蔵）

参拝方法と作法

巡礼をしようと心に誓うことを「**発心**」とか「**発願**」といい、巡礼を終えることを「**結願**」という。糠部地方は厳しい冬を除き、どの霊場も折々の美しい花に彩られ、心静かに願い祈ることができる。

巡礼する際は順番通りでなくてもいいが、せめて打ち始めは一番札所の寺下観音堂（階上町）、打ち納めは三十三番札所の天台寺観音堂（二戸市）にしたいものである。「糠部三十三札所」の霊場は、「西国（近畿）三十三札所」などの中央の霊場と違って寺院ばかりではなく、神社や**神仏習合**的なお堂が多い。鳥居が立っていたら「二拝二拍手一拝（二礼二拍手一礼）」で参拝するよう心掛けること。たとえ寺院の境内に鎮座していても、鳥居は神社の象徴なので、神道の作法で柏手を打つようにしてほしい。

また、霊場を維持管理していただいている地元の方への敬意と礼儀は忘れずに。

霊場に着いてからの参拝順序について簡単に紹介する。

①鳥居や**山門**（**仁王門**）の前で一礼。鳥居の中央は神様が通る道なので避け、向かって左側から境内に入る。基本的には神様から遠い方の足から踏み入れる。神社神道の作法では「進左退右」といって、「進むときは左足から、退くときは右足から」という決まりがある。

②**手水舎**があったら、まず手を洗い、口をすすぎ身を清める。このときのやり方は、だいたい手水舎に掲示してある。

③撞鐘堂で鐘を突く（鐘を突いてはいけない霊場も多いので注意）。

④参拝の際は、まず本堂の**本尊**が先で、次いで観音堂や、その他のお堂を順々に回る。神社であれば**拝殿**または賽銭箱の前で参拝する。

⑤**納札**（納め札）を納札箱に入れたり、**納札板**に貼ったりした後、灯明、線香を上げ、賽銭を納める。

後の人のために線香は中心、ろうそくは奥から立てるようにする。ろうそくは1本、線香は2本以上立てる。線香の2本は、1本が自分で、もう1本が観音菩薩（さつ）や願いに対してといわれている。ただし、神社の場合、線香やろうそくは不要。また、無人の観音堂については、供物の菓子や、線香・ろうそく等の火気使用は控える。

賽銭はまき散らすのではなく、お渡しするもの。そっと入れるということを心掛ける。

団体で参拝した際、観音堂では複数の人が鐘や**鰐口**（わにぐち）、鈴を何回も鳴らしたりせず、先達や先頭の人が代表して行う。何回も鳴らす行為は、一般家庭に例えると、何回も呼び鈴を押すのと同じである。

観音堂に回り、濡縁（ぬれえん）がある場合は正面で拝んだ後、時計回りに歩を進める。本尊の真後ろに当たる、お堂の背面中央では、一礼または合掌する。

堂内に入り、座って拝む場合、数珠などの仏具は直接、床に置かない。荷物は後ろではなく前に置く。これは忘れ物を防ぐため。携帯電話を忘れる人も多いという。

⑥御詠歌を唱和し、般若心経を上げ、自分の願いを念じる。「糠部三十三札所」の場合は神社が多いため、「二拝二拍手一拝」の後、御詠歌を上げる。御詠歌は、経文読経や祝詞奏上と同じ功徳があるという。その内容は、観音菩薩の功徳や霊場周辺の風景を詠んだものが多い。

⑦ひと通り参拝が済んだら、寺務所・社務所や管理者宅に行き、御朱印帳（納経帳）に寺院名・神社名、本尊（祭神）名を書いていただき、御朱印を押してもらう。同様に、持参した納経軸や、着用している白衣（びゃくえ、はくえ）に御朱印を押してもらう方もいる。御朱印はあくまでも参拝の証し。決してスタンプラリーのように考えないでほしい。

⑧帰りは山門や鳥居から本堂に向かって一礼し、霊場を後にする。

巡礼の身支度（巡礼用品）

正装して巡礼する際は、俗世の身分や職業を捨てるという意味で白衣（びゃくえ、はくえ）を着る。巡礼用品は神仏具店で購入できる。ここでは巡礼の身支度について紹介する。

①**白衣**　笈摺の背に「キリーク（種子）南無大慈大悲観世音菩薩」と書き、右側に年月日と「同行二人」、左側に住所と氏名を書く。他に手甲、脚半、地下足袋を白一色で整える。「同行二人」とは、常に観音菩薩と一緒という意味。

②**輪袈裟**　本来は寒さを防ぐため首から掛けた略式法衣で、両親のある者は中央を赤、片親の者は青、両親のない者は白とし、やはり「同行二人」と書く。トイレなどの不浄な場所では必ず外す。

③**頭陀袋**　貴重品を入れるために首から掛ける袋。中には数珠、**納札**、御朱印帳（納経帳）、財布などの必需品を、すぐ取り出せるように入れておく。。頭陀袋は身から外すものではない。トイレに行くときも同様。ウエストバッグやポーチで代用してもいい。

④**金剛杖**　本来は千手観音の持物（じもつ、じぶつ）で、金剛杵をかたどった、観音菩薩の分身として持ち歩く護身の杖。宿または家に着いたら杖の先を洗い、床の間に立てる。観音菩薩の分身なので、扱いは丁寧にする。

⑤**鈴**　持鈴ともいう。鈴の音は心を清浄にし、他の人に対しても信仰心を呼び起こさせる。魔除け、獣除けの役目も果たす。腰に下げたり、手に携えていると、歩くたびに「チリーン」と鳴ってリズムをつくってくれ、その分、楽に足を進めることができる。

⑥**数珠**　念珠ともいう。人間が持つ１０８の煩悩を打ち消すとされ、魔除け、厄除けなど、身を守る功徳がある。すでに数珠があれば、宗派を問わず、それを使っていい。

⑦**菅笠**　日差しや雨風を防いでくれる笠には住所、氏名、「同行二人」と書く。その他、「迷故三界城（迷うが故に三界は城なり）」「悟故十方空（悟るが故に十方は空なり）」「本来無東西（本来東西無し）」「何處有南北（いずくにか南北有らん）」と記すが、「奉　奥州南部糠部三十三カ

※巡礼用品①〜⑦はイラスト参照

所観音霊場」も記しておきたい。

⑧納札（納め札）　昔は木札で打ち付けていたが、文化財やお堂を破損することになるので、現在は紙札を納めている。その際、中央に「奉　奥州南部糠部三十三カ所観音霊場　南無大慈大悲観世音菩薩」、右側に願い事、年月日、「同行二人」、左側に住所と氏名を書く。

⑨御朱印帳（納経帳）　参拝、納札を済ませたところで、寺務所・社務所や管理者宅で御朱印を頂く。御朱印を通して観音菩薩とご縁を結ぶことができる。達成感とともに、後で見返す楽しみも与えてくれる。

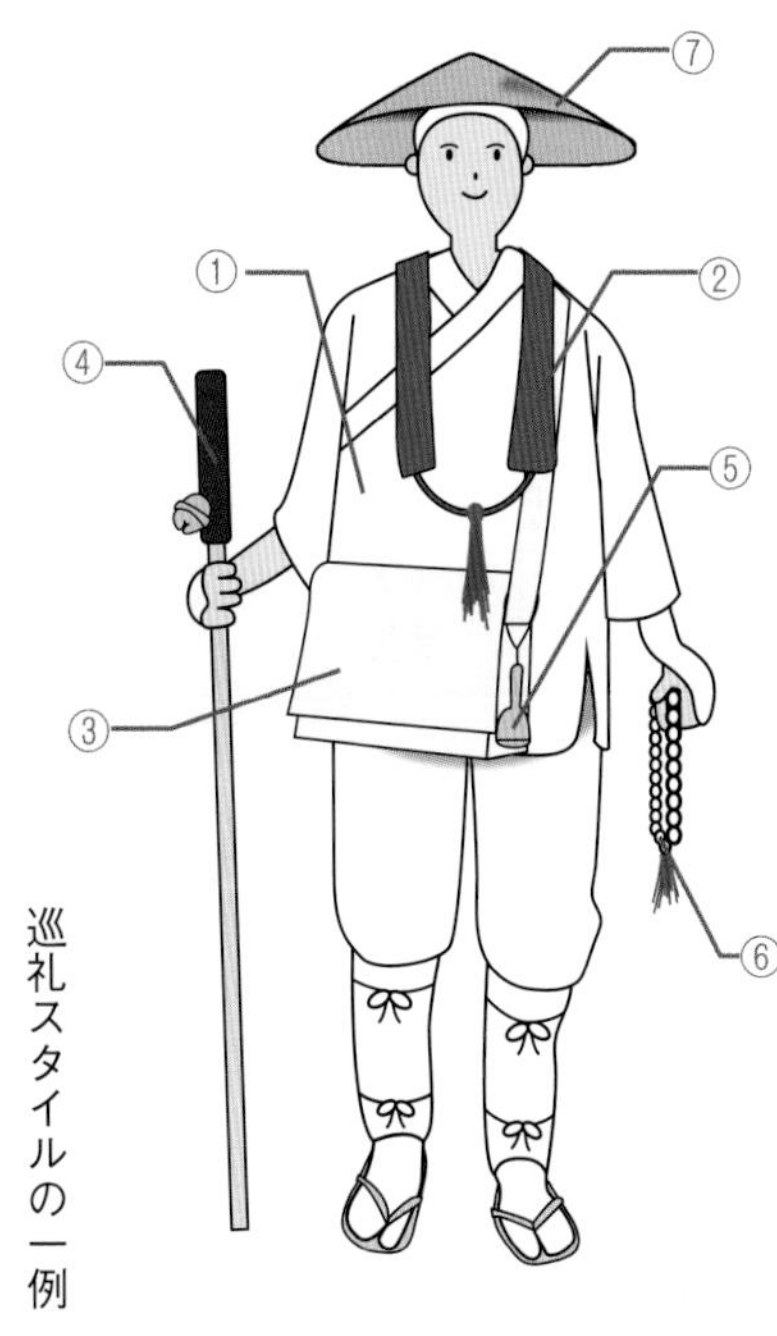

巡礼スタイルの一例

御朱印帳は、さまざまな種類がある。朱印面を経典のように横に広げることができる一般的な「蛇腹（じゃばら）式」。朱印面が書籍のようになっている「ブック式」。朱印面がひもでとじられ、ひもを緩めることで朱印面を取り外すことができる「ひもとじ式」。他人の御朱印帳と間違われないように、御朱印帳の最後への住所、氏名の記入も忘れずに。

御朱印には、あらかじめ和紙に書かれて授与するだけの「書き置き式」もある。

以上が巡礼用品であるが、全部を用意しなくても、何か一つでも身に着けておけば心が引き締まるものである。正装でない場合も、車の乗り降りや、歩いて移動することがあるため、動きやすい服装が望ましい。

他にタオルや、水・お茶等の水分、夏は防虫スプレーが必要。雨具はコンパクトな折り畳み傘やレインコートを準備。帽子については、当然ながら拝礼中は取ること。

納経料（御朱印を頂く際に納める浄財）は３００円が目安。無人の観音堂は、墨書きではなく自分で押印するだけなので、その場合は１００円が目安となる。釣り銭が要らないよう小銭を用意しておく。

寺下観音堂

階上町

御詠歌

寺下の往昔をきけば有り難し
海潮山に應物のてら

巡礼スタート 発願の地

寺下観音堂は、「臥牛山」と呼ばれる**階上岳**の北東山麓に位置している。その始まりは神亀元（724）年、**聖武天皇**の時代に**行基**が海潮山応物寺として開山したという。その後、大同年間（806〜810年）に征夷大将軍の**坂上田村麻呂**がやって来て、経津主命を祭神として祀ったという伝説もある（『寺下観世音縁起』）。

この応物寺は、たびたび火災に見舞われており、仁治3（1242）年秋には落雷による山火事のため一山焼失してしまったという。その後、寛元4（1246）年に江山和尚が焼け跡から観音像を拾い、観音堂を建て直したことを『応物寺廃頽の記』としてまとめた。

五楷堂は延享2(1745)年8月に建立されたが、大正2(1913)年8月の大暴風雨で倒壊した

やがて正徳5（1715）年、津要玄梁和尚が観音堂に**参籠**した際、江山和尚が記した巻物を**毘沙門天**立像の**胎内**から発見した。そこで津要和尚は、4代八戸藩主・南部広信に働き掛けて江戸神田の**鋳物師**・粉河丹後に鋳造させ、その記録を**釣り鐘**に刻んだ。現在、巻物は残っていないが、文面は境内の撞鐘堂の釣

り鐘が伝えている。

辺り一帯は、**補陀落**(ふだらく)世界を感じさせる静寂森厳(しんげん)な山中であり、心身の疲れを癒やしてくれる。まさに巡礼スタートの**発願**(ほつがん)の地としてふさわしい霊場である。

境内を寺下川のせせらぎが流れ、石橋を渡れば30段のきざはし(石段)がある。ここを上り詰めると、仁王像が屹立(きつりつ)する**山門**。そして正面に3間四方の**宝形造り**(ほうぎょう)の観音堂が鎮座している。ここから対岸の下方には潮山(うしおやま)神社が見える。

応物寺は明治4(1871)年、**神仏分離**令により取り壊され、潮山神社として生まれ変わった。観音像は八戸市妙の伝昌寺に移されたが、同7(1874)年、別当(管理者)の桑原家の願い出により、現在の観音堂を創建し、観音像を**本尊**として祀ったのである。

毎年旧暦4月17日(現在は5月第

階上岳山麓に鎮座する寺下観音堂。観音堂をはじめ、点在する文化財を総称して「寺下観音」と呼ぶ

3土・日曜日）には「寺下の**おさかり**（**御縁日**）」と称して出店が軒を連ねる。八戸市内からは臨時バスも出て、多くの善男善女が訪れ、参拝者が突く鐘の音は一日中境内に鳴り響いている。境内に並ぶ33体の石仏は、「西国（近畿）三十三札所」から土を持参して一つひとつ埋めたということから、西国の霊場の功徳も受けられるといわれている。

本尊は**行基**が作仏したと伝わるカツラ材の聖観音座像で、高さ67センチ。両側には不動明王立像と毘沙門天立像が**脇士**として祀られている。幾つか観音伝説があり、この観音像は牛に乗って小舟渡海岸（階上町）の海上から示現したという。

行基作と伝えられる聖観音座像＝昭和63(1988)年撮影

また、津要和尚の揮毫絵馬、7代八戸藩主・南部信房（畔李）の俳諧をはじめとする献額、八戸藩士・蛇口伴蔵（胤年）が水利事業完成を祈願して納めた「願文」額などがあり、その他、境内入り口の歴史資料館で

境内に並ぶ西国三十三札所の石仏

も数々の文化財を拝観できる。

観音堂から20分ほど裏山を上っていくと、日向山(ひなだやま)8合目付近に津要和尚の墓と屋敷（津要庵）跡があり、さらに上に津要和尚が建立した五楷(ごかい)堂（五重塔）跡、山頂には**常燈明(じょうとうみょう)堂**もある。観音堂をはじめ潮山神社、津要庵跡、五楷堂跡、常燈明堂、石仏や滝不動、そして舎利塔（笠石）、これらを総称して「寺下観音」と呼んでいる。

参拝の帰りには**門前**の茶屋「東門(とうもん)」で一休みするのも一興であろう。

【メモ】

茶屋「東門」の営業時間は午前11時～午後8時（ラストオーダー午後7時半）。火曜定休（祝日は営業）。お薦めは階上早生そばセット、抹茶セット、東門珈琲など。

電話0178（88）3987

津要玄梁

津要玄梁は江戸幕府の庇護(ひご)政策の下で、仏教が形骸化するのを憂い、自らの作仏を中心に当地方で庶民教化のため生涯をささげた曹洞宗の名僧。八戸湊柳町の若松屋の出身で、松館・大慈寺（八戸市）や祇陀寺(ぎだじ)（盛岡市）、天台寺（二戸市）などで修行し、その後、寺下に草庵を結んだ。

寺下を拠点として幅広い宗教活動をし、数々の業績を残して、たびたび『八戸藩（**目付所**）日記』にも登場している。また、逸話の多い人物で、幕府転覆を企てた**慶安事件**の丸橋忠弥の子孫だという説や、剣豪・**簗田平治**(やなた)とのエピソードをはじめ、雨を降らす妖術の使い手、天狗(てんぐ)を家来にしたなどという伝説もあり、まさに怪僧であった。

高さ約12㍍の五楷堂建設の際には、右手を中風のために使えず、左手のみで彫り続けたといい、エネルギッシュなパワーは人間業と思われないものがあった。それがいろいろな伝説を生んで神仙化したのであろう。延享2（1745）年12月、五楷堂脇の津要庵で66歳の生涯を閉じた。

寺下観音堂

【本　尊】聖観音（**秘仏**）
【所在地】階上町赤保内寺下8
【御縁日】5月第3土・日曜日（元は旧暦4月17日）
【御朱印】札受所に設置（入り口鳥居脇）
【その他】駐車場あり、石段あり、トイレあり

二番札所

是川 清水寺観音堂

八戸市

御詠歌

我が心　今より後はにごらじな
清水でらにまいる身なれば

宝形造り 粽技法のお堂

国宝の**合掌土偶**を展示する八戸市埋蔵文化財センター「**是川縄文館**」の南隣に、浄土真宗大谷派・楞厳山清水寺が鎮座している。その本堂裏手の静寂を保つ杉木立の中に、観音堂がたたずんでいる。野外に立つ木造建築としては青森県内最古であり、昭和55（1980）年1月に国の重要文化財に指定された。

観音堂は3間四方の**宝形造り**で、茅葺きの屋根に風情を感じる。「糠部三十三札所」の中で、茅葺きの観音堂は今ではここだけとなってしまった。

昭和56（1981）年から同58（1983）年にかけて、八戸工業大学の**高島成侑**教授（当時）が中心となって観音堂の全面的な解体修理工事を行い、創建時の姿に復元した。

当時の建造物発掘状況によると、領主である南部氏の居城（根城本丸）ですら掘立柱の建物であったにもかかわらず、清水寺観音堂は小さな建造物とはいえ礎石を置き、その上にケヤキの円柱を立て、さらに上部をすぼめる「粽」の技法を使っているのが特徴的である。報告書の中で「北東北における正統的禅宗様仏堂の代表である」と称賛している。

また、建立当時の**棟札**が残っており、全面手斧削りのヒバ材で作られ、墨書きされているが、肉眼では文字を判読できない。かつて棟札調査のため、岩手県立博物館が赤外線カメラで撮影した写真を同館の大矢邦宣学芸員（当時）から見せていただいたことがあった。すると次のように記されていた。「奉為造栄一宇堂依立願也八戸新田之名跡十代左馬介政盛　天正九辛巳五月吉日」。新田左馬介政盛とは、**根城南部氏**の一族であり、なんと天正9（1581）年まで歴史をさかのぼることができる。願主の新田氏の居館（新井田古館遺跡）も全て掘立柱建造物であることから、この時代の礎石建造物の観音堂が、いかに特別であったかがうかがえる。

清水寺は平安時代の初めのころ、天台宗の高僧・**慈覚大師**（**円仁**）が草創したとか、京都の清水寺を建てた**坂上田村麻呂**が開いたとかといわれている。則誉守西上人は観音堂の**本尊**は千手観音だったと記録し、慈覚大師作との伝承まであった。ところが、昭和23（1948）年に盗難に遭い、現在は**厨子**の前に**お前立ち**として新たに木彫千手観音立像を安置している。

八戸市の清水寺所蔵の**南部小絵馬**のうち、最も古いのは弘治元（1555）年の繋馬図である。その他、鷹が描かれている寛永11（1634）

粽の技法を使った清水寺観音堂

お前立ちの千手観音立像

平安仏の天部立像

年の板絵（市指定文化財）は、狩野派の御用絵師（伝・**狩野元信**）と関わりが深い。「夜になると、鷹が板絵から抜け出して田圃を荒らしたため、旅の狩野派の絵師が止まり木を描いたところ、抜け出なくなった」という。

　また、観音堂は**左甚五郎**が建てたともいわれ、「一夜で建てる約束をしたところ、最後の板一枚を打ち付けないうちに一番鶏が鳴いたので、打たずに帰った」など、数々の逸話が伝えられている。

　これらの由緒や伝説から考えるに、今日の清水寺本堂は、観音堂を守るために建てられた別当寺だったのではないか。また、所蔵する天部立像は平安後期の作、本堂の本尊（阿弥陀如来立像）は慈覚大師作で、寄進者は川合（川井）安信だといわれる。清水寺は初めは天台宗だったのが、江戸時代に一時、真言宗に改宗し、また再び天台宗となり、明治2（1869）年からは浄土真宗大谷派として今日に至っている。

「是川」の地名についてはアイヌ語説もあるが、信仰に絡めて「裏の清水で**水垢離**をしたことから是（垢離）川」などと勝手に想像している。

清水寺観音堂に残る座棺輿(ざかんこし)。座った姿勢で遺体を埋葬した土葬時代、ひつぎを運ぶのに使われた

天部立像

清水寺所蔵の天部立像は、高さ73センチのヒバ材で、平安後期の地方で制作されたという。発見を受けて平成16（2004）年に調査に当たった弘前大学の須藤弘敏教授（当時）の報告書には「右腕が付け替えられたり、顔の向きが制作当初と変わっていることなどから特定はできないが、**四天王**の一体である多聞天か単独像の**毘沙門天**の可能性が高い。詳しい制作年や作者の記録はないものの堂々とした姿、腰回りの充実ぶり、彫刻の細かな技法が平安仏の特徴である」と記されている。

発見場所は観音堂であったが、現在は管理上の理由で本堂に安置されている。個人的には、腹部の獅噛状装身具や大づくりな**面相**に心惹かれる。装身具は、八戸市**丹後平古墳群**出土の国指定重要文化財「金装獅噛三累環頭大刀柄頭」を連想させる。残念なのは両手首、左足、**台座**部分の邪鬼が欠損していることである。

当地方の歴史や信仰の伝播を考える上で貴重な仏像といえよう。

八戸久慈自動車道
138
是川縄文館
340
新井田川
清水寺観音堂
N

清水寺観音堂

【観音像】 千手観音（お前立ち）
【所在地】 八戸市是川中居18―2
【御縁日】 9月17日
【御朱印】 清水寺で所有
【その他】 駐車場あり、石段なし、トイレあり

松館 岡田（おかだ）観音堂

八戸市

御詠歌

かごおかだ　大悲の御堂拝すれば
三垢（さんく）消滅　身意柔軟（しんいにゅうなん）

千石船2艘の帆柱使用

八戸市松館地区入り口の細越交差点から八戸公園こどもの国方面へ向かうと、「鶴輪山（かくりんざん）」と呼ばれる丘陵地が見えてくる。正面の突き当たりには籠田（かごた）月山神社の鳥居が立ち、神聖な一帯であることを教えてくれる。

この鶴輪山は、遠くから見ると鶴が翼を広げたような形をしているとのことで、鶴の左翼位置に月山神社、右翼位置に岡田観音堂がそれぞれ鎮座している。首の辺りには、かつて薬師堂が建立されていたが、現在は跡のみとなっている。

月山神社の鳥居前を左に進む道路はとても狭いが、３００メートルほどで岡田観音堂に着く。この場所から松館地区を見渡すと、都市化する現代社会の中にあって、昔の風情をとどめた心和む農村地帯が開けている。

則誉守西上人（そくよしゅさい）は、寛保３（１７４３）年に参詣した際は月山神社も含め「籠田岡田観音堂舎」と称し、薬師堂や松館・大慈寺も「**拝み所**」としていたことを「順礼次第記」に書き残している。

参道にそびえる大**イチョウ**は幹周り約５メートル、高さ約22メートルもあり、平成23（２０１１）年に八戸市保存樹木に指定された。おそらく守西上人一行も、この大イチョウを眺めたことであろう。

岡田観音の伝承によると、大同２（８０７）年に初代橘藤右衛門が出

巡拝コース候補地37カ所が記された、守西上人が納めた巡礼札

羽国（山形県）庄内から、高さ5センチほどの黄金仏・千手観音を**本尊**として奉持し、山頂にお堂を創建して祀（まつ）ったという。やがてこの千手観音は明治元（1868）年の**神仏分離**令によって、隣の月山神社の**ご神体**の一体として祀られることとなる。

現在の本尊は高さ45センチほどの木彫

岡田観音堂もかつては茅葺（かやぶ）き屋根だった
＝昭和62（1987）年撮影

千石船の帆柱を使用したという岡田観音堂

頭上に阿弥陀如来像を配置する聖観音座像＝平成12（2000）年撮影

聖観音座像である。橘家が代々別当（管理者）を務め、藤右衛門を襲名してきた。

本尊は普段見ることができず、1年に1度の12月17日だけ、**ご開帳**が許されている。**台座**は戦後になってから新調したとのこと。その姿は全体的に大ぶりで、堂々とした体軀で均整を保っている。頭上には阿弥陀如来像を配置して輪**光背**を背負い、持物（じもつ、じぶつ）はなく、釈迦如来像と同じ**定印**を結び（**印相**）、威厳を感じさせる。

いつの時代か記録にはないが、観音堂新築の際、新井田村の豪商・松橋孫助が、使用されなくなった2艘の**千石船**の帆柱を寄贈したという話が伝えられている。お堂の柱は総円柱であり、それに使用したのであろう。『八戸藩（勘定所）日記』の「**間尺改め**」には、元文2（1737）年と宝暦10（1760）年に千石船を造ったとの記録が残り、おそらくこれらの廃船の際、使用したに違いない。松橋家は屋号を「江口屋」とし、通称は「松孫」。新井田村の中心的な存在であった。

八戸市博物館で所蔵する岡田観音堂の**棟札**には、慶長17（1612）年に**根城**城主の南部直政が再興したことが記されている。慶長年間の古い棟札は逸品で、裏には「岡田山天台寺」と記され、観音堂の**鰐口**にも「天臺寺」と刻まれている。かつては「天台寺」と称していた。その他、寛文2（1662）年、同13（1673）年、延宝2（1674）年、正徳4（1714）年、寛政3（1

791)年の棟札もある。

同博物館には、守西上人が岡田観音堂に打ち付けた巡礼札も残っており、巡拝コース37カ所の候補地が記されているのが特徴である。

岡田観音堂は、文化10(1813)年の岩井重良兵衛愛秀「八戸御城下三十三札所」では二十九番、明治期の佐々木恭岑上人「八戸御城下三十三札所」では十四番に定められている。

御詠歌

「八戸御城下三十三札所」二十九番
岩井重良兵衛愛秀

慶の世の　ちりもとどめぬ御佛の
すめるかたこそ頼母しきかな

「八戸御城下三十三札所」十四番
佐々木恭岑上人

かくをかた　大悲の御堂拝すれば
いつつのさはり消えうせにけり

藤右衛門の小絵馬

祈願または報謝のために寺社へ奉納する額を「絵馬」という。大絵馬と小絵馬があり、30センチ以上の**扁額**式を大絵馬、それ以下のつり掛け式を小絵馬と呼んで区別している。大絵馬は奉納者が自分の業績を記念するために専門の絵師に描かせ、小絵馬は名もなき市井の画家や絵馬師、奉納者自身が描いているのが当地方の特筆すべき点といえよう。

昭和元(1926)年に岡田観音堂修復の際、民俗学者・**小井川潤次郎**が独特な絵馬を見つけ出し、別当の名を冠して「藤右衛門の小絵馬」として全国に紹介したことで話題を集めた。

寛文5(1665)年の「無量院御立願状」(『**常泉院**文書』)に、岡田観音堂へ絵馬を奉納したことが記されている。元禄から正徳、享保、延享、宝暦にかけての絵馬が多数あったが、今は別当の橘家と八戸市博物館にわずかに残っているのみ。享保期がピークで、宝暦の大飢饉の頃から奉納枚数が減少した。

産馬育成の祈願に用いられたことから、図柄は馬が最も多い。馬の姿態とそのデフォルメした描法に心惹かれる。

岡田観音堂

【本　尊】聖観音(秘仏)
【所在地】八戸市松館岡田5—1
【御縁日】12月17日(ご開帳)
【御朱印】橘家で所有(参道入り口)
【その他】駐車場あり(大型バス不可)、石段なし、トイレあり
※緩い坂

四番札所

島守 高山観音（高山神社と高松寺）

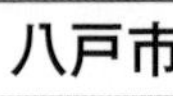
八戸市

鷹ノ巣展望台から眺める島守盆地

万民を慈光で照らす御作仏

近年、八戸市南郷島守地区の「中世の水田跡」が注目されている。それは**根城南部氏**の『すまもり所当注進状』（建武元＝１３３４＝年、南部家所蔵）に公田があったという記述が見られるからである。

中世の記録に登場する水田は全国にたくさんあるが、今も同じ場所で続いているのは大変珍しい。全国では他に、岩手県一関市本寺地区（旧骨寺村）と、大分県豊後高田市の田染荘地区の2件しか確認されていない。島守地区は、それだけ古い集落であり、**平重盛**来訪伝説や平家の落人伝説、また、**源義経**伝説までもが残っている。春の「島守詣り」の祭事は、近郷在住の善男善女でにぎわう。

高山神社は、島守集落の中心部北西の標高約１８０㍍の小高い山頂に鎮座し、明治維新まで高山観音として信仰を集めていた。高山は、なで肩のおわんを伏せたような女性的な山で、隣の龍興山に比べて「草履半足分高い」ので、そう名付けられたという昔語もある。

明治元（１８６８）年の**神仏分離**令により、高山観音像は近くの瑞雲山高松寺に移安された。高山神社は伊邪那岐命、伊邪那美命を祭神とし、旧**村社**として生まれ変わった。その際、島守48社の神々も合祀され

御詠歌

はるばるとのぼりて拝む高山の
大悲の誓い　いつもたえせず

たが、48社にあった仏像は川原に集められ、火を掛けられたという。高山観音像は高松寺に移されていたため、難を逃れて今日に至っている。

高山神社の表参道は175段の石段を上ることから、別に裏参道が設けられ、車で境内まで入ることもできる。境内からは島守盆地を見渡せて絶景である。また、岩手県の巻堀（まきほり）神社から分霊した金勢（こんせい）神社（コウセン様）が境内にあり、夫婦和合の神として信仰を集めている。そのため、高山観音も縁結びや子授けに御利益があると信じられてきた。

社殿は大正4（1915）年に改築されたが、昭和58（1983）年4月の山火事で全焼してしまい、翌年5月に再建された。

高山観音像を安置する高松寺は臨済宗京都妙心寺派で、島守集落西方の高台に鎮座している。室町時代の宝徳元（1449）年に、広照涼（こうしょうりょう）

高山神社境内に立つ聖観音石像と金勢神社。奥に見えるのが高山神社拝殿

高松寺に安置されている聖観音立像

室蔭和尚が天皇の命令である勅使号を賜って開山したという由緒を持つ寺院である。

本尊は、本堂に向かって左側の**厨子**に納められた高さ約60センの聖観音立像。地元の信者が精魂込めて刻んだ素人の**御作仏**で、1本の木から本尊と舟形**光背**を彫り上げている。**蓮華座**（蓮台）の上に立ち、細めた目をつり上げ、**宝冠**に大きく太陽をあしらっているところに素朴さを感じる。万民を慈光で照らすという意味かと思われる。後世になってから金箔を全身に施したようであるが、残念なことに両腕は欠損している。明治元年の**廃仏毀釈**運動の傷跡なのであろうか。

かつて、天正19（1591）年に南部一族の跡目争いである**九戸一揆**（**九戸政実の乱**）が勃発。島守地区を支配していた島守安芸、内膳、主膳らは九戸方に加担したため、島守館は根城南部勢の総攻撃に遭い、焼失してしまった。そのため、島守関係の資料は皆無となり、多くの伝説や昔話を生んだ。島守一族は平重盛の末裔ともいわれる（階上町『島守家系譜』）。高松寺境内にそびえる平重盛お手植えと伝わるカヤの木は、推定樹齢800年を数え、昭和42（1967）年に青森県天然記念物に指定された。高山観音をはじめ、島守の歴史を知る生き証人でもある。観音巡りの際は、高山神社と高松寺の観音像を拝みたいものである。

【メモ】
「島守詣り」の際は高山神社、龍興山神社、福一満虚空蔵菩薩堂、高松寺本堂の順で拝む

高山観音菩薩と福一満虚空蔵菩薩を安置する高松寺。
左は青森県指定天然記念物のカヤの木

島守詣り

高山神社をはじめ龍興山神社、福一満虚空蔵菩薩堂の祭事を併せて「島守詣り」とか「虚空蔵さんの**オサガリ**」と呼んでいる。島守の虚空蔵菩薩は福島県柳津町の円蔵寺、京都市嵐山の法輪寺と共に「日本三大虚空蔵」に数えられ、普段は高松寺の高山観音像の隣に奉安され、オサガリのときにのみ、お堂へ移して祭事を催す。

かつて祭りは旧暦4月13日であったが、「毎年開催日が違うと祭りが定着しない」とのことで、昭和60（1985）年から前夜祭を合わせ6月第1土・日曜日に行っている。この日は屋台が立ち並び、参詣者の突く鐘の音が島守盆地に韻々と響きわたり、終日にぎわう。

島守詣りには「帰り見」といって、途中の是川清水寺川原や中居林岱の辺りまで、八戸からの参詣者を関係者が迎えに行く習わしがあった。いわゆる「代参」で、参詣できなかった人が、参詣者から神仏のご加護を分けてもらうという風習である。この日は、参詣者は朝からオゴワ（赤飯）を食べて島守詣りをし、行かない人も「アソビ日」といって休日とした。

高山観音（高山神社と高松寺）

【本　尊】 聖観音
【所在地】 八戸市南郷島守門前27―1（高松寺）
【御縁日】 6月第1土･日曜日
【御朱印】 高松寺で所有
【その他】 駐車場あり、石段あり、トイレあり　※高山神社に急坂

五番札所

鮫 白浜観音堂

八戸市

御詠歌

罪とがも消えよと祈る観世音
波浪不能没念彼観音

家伝によると、高橋家は**根城南部氏**の家臣であったが、寛永4（1627）年に根城南部氏が遠野（岩手県）に領地替えになった際、八戸にとどまり、領地であった白浜に定住したという。その高橋家が代々守ってきたのが、こちらの白浜観音堂である。

観音堂の**本尊**である御正体は「糠部三十三札所」の中で一番小さな高さ4・2チセンの観音像で、**秘仏**とされている。**厨子**の扉が開かれるのは、**お年取り**の12月16日と17日のみである。

本尊は、かつての火災では難を逃れた。その姿は鉄製の合掌した聖観音像で、表面がややさびついてはいるものの像容はしっかりと確認できる。背中の部分が真っ平らで、腰の部分の2カ所に突起がある。これは**鏡板**にはめ込んで、**釣手環**を鏡板に付け、ひもを通して壁に掛けて拝礼したためと思われる。

御正体はもともと**御神鏡**であって、その輝きから悪霊や疫病を退散させると信じられてきた。観音像は地域を邪悪なものから守るために祀られたのであった。

また、境内には悪霊悪疫退散の「**牛頭天王**」を刻んだ石燈籠も奉納

4・2チセン一番小さい御正体

八戸市鮫地区の白浜観音堂は、高橋守弘氏宅地の庭園内に鎮座しており、四季折々の美しい草花が参詣者の心を和ませてくれる。

則誉守西上人の「順礼次第記」（寛保3＝1743＝年）に「縁日十七日ト云　往昔元禄年中　兵五助山ノ畑ノ土中ヨリ鏡ノ正躰ヲ掘出セリ…**鰐口**二ツかけて有り　元禄十三ノ年号見ヘタリ」とあり、元禄の頃に土の中から**御正体**の観音像が掘り出されたことが記されている。元禄13（1700）年銘の鰐口も掛けてあったというが、その後、火災のため焼失してしまった。

されている。江戸時代に隣村の金浜で砂鉄を産出した記録があることから、白浜観音堂の本尊を当地方では珍しい鉄製の御正体にしたのであろ

近くには白浜海水浴場があり、夏は若者や家族連れでにぎわう

高橋家が代々守ってきた白浜観音堂

鏡板を欠き、尊像のみを取り出した御正体の聖観音立像

う。なお、御正体という呼び方は神社の神道的な考え方であり、神道のシンボルといえる鳥居が観音堂の前に立っているのは、そのためである。仏教ではこれを「**懸け仏**」という。

現在の観音堂は、昭和60（1985）年10月に高橋氏の祖母、操氏の喜寿を祝って建立された。このとき、100歳まで現役で働こうというグループ「百働会」の差波元次郎会長（当時101歳）が「観世音」と揮毫して**扁額**を納めている。操氏はこの喜びを和歌にして次のように詠んだ。「失ひて百余とせ今　堂成らしめ　われ喜の歳の心やすまる」と。

かつて観音堂は東方の杉林の中に鎮座していたが、火災に見舞われ、百数年の間、観音像は高橋家の母屋に安置されていた。「失ひて百余とせ」から、観音堂建立の悲願達成への喜びの一首であることが推察される。

堂内の太鼓や祭器祭具については、地域の人々が奉納している。白浜観音堂の再興は地域の要望でもあり、「村の観音様」という気持ちが強かったのであろう。

境内には文化8（1811）年の

石碑や、蓮華（れんげ）を持った聖観音の石像が立っている。これら石碑群の隣に巡礼札を貼る納札板（のうさつばん）が設置されているので、観音堂ではなく、納札板に貼るのが望ましい。

◇　◇

御詠歌

松尾頂水「糠部三十三札所」七番（小清水の白浜観音堂）

白浜に頼みをかける観世音
老いも若きも花の臺（うてな）に

石抱きイチイと小清水観音堂

小清水の白浜観音堂

八戸市の白浜集落にはもう1カ所、観音霊場がある。それが小清水慶一氏宅の南側に鎮座する観音堂で、小さな清水が湧いていることから「小清水観音堂」と呼ぶ（住所は八戸市鮫町小清水久保17）。こちらは明治18（1885）年の松尾頂水（ちょうすい）系統「糠部三十三札所」の七番。

観音堂には本尊として高さ10チセンほどの馬頭観音像が錦布に包まれて祀られており、お前立ちの石造り白衣観音座像が安置されている。馬頭観音を本尊として祀る霊場は珍しい。毎年12月17日は「観音様の**お年取り**」と称して、小清水家では祭壇の大掃除を行っている。

明治12（1879）年旧暦6月15日銘の棟札には「小清水神社」と記され、観音堂の前には鳥居が立つ。境内には幹周り約4・4メートル、樹高約8メートルのイチイの巨木がそびえ、歴史の古さを感じさせる。根元が大石に絡んでいることから「石抱きイチイ」と呼ばれ、ご神木となっている。

頂水は高橋家の観音堂には寄らずに小清水の白浜観音堂を参拝した。

白浜観音堂

【本　尊】 聖観音（**秘仏**）
【所在地】 八戸市鮫町浜道通10—9
【御縁日】 12月16、17日
【御朱印】 高橋家で所有
【その他】 駐車場なし、石段なし、トイレなし

白銀 清水川観音堂

八戸市

御詠歌

無刹不現身　白銀浜の観世音
於苦悩死厄　念彼観音

清水川見守る11面の本尊

八戸市白銀地区には「嫁もらうなら白銀の娘」「白銀には嫁にやるな」という二つのことわざがある。

JR白銀駅から鮫駅に向かって500メートルほど進んだ線路沿いに水が湧いており、「清水川」と呼ばれている。川といってもコンクリートで足場を整備した幅約1メートル、長さ約6メートルの湧水場である。

白銀の女性の場合、かつてこの水くみをすることが仕事の一つで、高台に住む女性はてんびん棒で水おけを担いで坂道を往来していた。この重労働を日課としていた女性は、足腰が強く、他の村からは重宝がられたが、逆に白銀に嫁入りすれば苦労するという親心が込められた言い伝えである。昭和30年代生まれまでの地域の女性ならば「小学校高学年になると、水くみをした」という方も多いのではないだろうか。

また、**源義経**が白銀の**源治囲内**に逗留しているときに、水くみに来る若い娘と恋に落ち、やがて娘に子が生まれたという伝説もある。

その清水川を見守るかのように清水川観音堂が鎮座している。伝承によると、白銀に住む信心深い漁師が漁に出たところ、黄金の聖観音像が網に引っ掛かった。これは粗末にはできないということで、丘の上に

清水川で衣類を洗濯する女性たち
＝昭和34（1959）年4月（和井田登撮影、八戸市博物館所蔵）

あった藩主が立ち寄る**御仮屋**(おかりや)に祀(まつ)り、礼拝したところ、翌日から大漁が続いたという。その後、元禄年間（1688〜1704年）に七崎山(ならさきさん)徳楽寺観音の兄貴分として、清水川のほとりに七崎永福寺（現普賢院(ふげんいん)）が別当（管理者）を務めてお堂を建立したという。

ところが、旅の**六部**（**六十六部**の略）が観音堂に宿泊した際、放火して観音像を盗み去ってしまった。それでも巡礼者がひっきりなしに清水川に参詣していた。そこで、階上の寺下観音において独自の布教活動をし、地元**仏師**として著名であった津(しん)要玄梁(ようげんりょう)和尚が刻んだ**一木造**(いちぼくづくり)の十一面観音像を納めて観音堂を再興した。

その十一面観音像が現在の**本尊**である。祭壇中央の**御神鏡**の背後に**秘仏**として安置されている。高さ30センチの立像(りゅうぞう)で、**オセンダク**（錦布の着物。語源は洗濯の転用か）に包まれてい

清水川の霊水を守護するため鎮座する清水川観音堂

オセンダクを着た津要玄粱作の十一面観音立像

る。オセンダクは「オヘンダク」とか「オヘダグ」とも呼ばれ、**オシラサマ**や**子安**様に見られる民間信仰の典型的な形態である。定期的に新しい衣装を着せることによって霊力を高めるという考え方である。清水川観音のオセンダクは勝手に脱がせると災いが起こるといわれ、交換するとき以外は決して身体を見てはならないという禁忌は今日でも守り続けられている。

観音堂は昭和36（1961）年の**白銀大火**で焼失したものの、観音像は地元の信者が運び出して難を逃れた。その他、オシラサマやお不動さん、権現様や延命地蔵様にお薬師様、明神様などの神仏が祀られ、清水川を見守っている。

現在も毎月17日には地元の信者が集まって御詠歌を上げたり、コミュニケーションを図ったりしている。12月17日は**御縁日**で、かつては前の

白銀大火後の清水川。左側に観音堂の跡地が見える。線路は国鉄八戸線＝昭和 36（1961）年 5 月（和井田登撮影、八戸市博物館所蔵）

晩に「**お籠(こ)もり**」と称して夜通し酒を酌み交わし、世間話に花を咲かせるなど、にぎやかに過ごした。

清水川観音堂は、文化10（1813）年の岩井重良兵衛愛秀(じゅうろべえよしひで)「八戸御城下三十三札所」の一番札所で、観音信仰の盛んな「**発心**(ほっしん)」の聖地である。明治期の佐々木恭岑上人(きょうしん)「八戸御城下三十三札所」では三十番に定められている。

◇　◇

御詠歌

岩井重良兵衛愛秀「八戸御城下三十三札所」一番

ふだらくや　きしの真砂も白銀の
大悲に札を打つぞはじむる

佐々木恭岑上人「八戸御城下三十三札所」三十番

水きよき浪間の月やしろかねの
聲のひびきにあくるうなばら

清水川の水

蛇口をひねるだけで、いつでもきれいな水を使える現代にあっては想像もつかないことだが、井戸が少なかった白銀地区では、清水川へ水くみに行くことが当たり前だった。清水川の水は金網の奥からこんこんと湧いている。どんな日照りでも枯れたことはない。平成6（1994）年12月の三陸はるか沖地震で水道が止まったときにも地域の人たちは水に不便することはなかった。

水源に近い順から飲み水用、野菜洗い用、食器洗い用、洗濯用と、用途によって使う場所が決まっている。古くから生活用水として使われ、現在でも住民が維持管理費を負担して共同管理している。

地域の高齢者は「清水川の水で入れたお茶はうまい。幼少の頃から飲んでいるが、おなかをこわしたことは一度もない」と語っていた。また、かつて洗い場は、朝早くから混んでおり、場所が空くまで待つこともあった。遅い時間にゆっくりと来る奥様方は「タダイの人（ただ居る人）」と呼ばれて、うらやましがられたという。

清水川観音堂

【本　尊】十一面観音（**秘仏**）
【所在地】八戸市白銀2―8―7
【御縁日】12月17日（前日がお年越し祭）
【御朱印】観音堂に設置
【その他】駐車場なし、石段なし、トイレなし

七番札所

岩淵 新山権現堂観音（別雷神社）

八戸市

御詠歌

岩淵の権現堂の観世音
樹甘露法雨　常に瞻仰

由緒ある霊場　岩盤上に

かつての新山権現堂は、現在、別雷神社となっており、八戸セメント通りの岩肌が露出した岩盤上に鎮座している。岩淵は、当地方で最も古い地頭文書『**安藤きぬ女家族書上**』（正安3＝1301＝年）に「いわふち村」と紹介されている地域である。明治9（1876）年の『神社調』は、権現堂の創建を正慶年間（1332〜33年）としている。

このように八戸の古記録にもたびたび登場し、特に『三翁昔語』（安永元＝1772＝年）では**根城**城主の南部政義、『八戸祠佐嘉志』（文久元＝1861＝年）では3代八戸藩主・通信の崇敬が厚かったことが記されている。また、権現堂**修験者**（山伏）の法道院が藩命で「**御湯釜立**」をはじめ日和乞い、雨乞い、豊作、豊漁などの祈禱を行った記録が多く残り、盛岡藩時代には10石の**社領**も与えられていた。

則誉守西上人一行が寛保3（1743）年に新山権現堂を巡った際、鉦を打ちならし、念仏を唱和しながら七番札を打ち付け、法道院と親しく会談したと「順礼次第記」に記されている。

内陣の**内御堂**は彫りが立派で、向かって左側に岩淵権現2頭、右側に不動明王立像（別称・波切り不動）が安置され、祭神の**お前立ち**として守護している。いわばボディーガードである。

『八戸南部史稿』の享保19（1734）年8月20日条では、「階上寺下で布教活動した津要和尚が観音像の修復を命じられた」とあるが、現在その聖観音像はない。観音像は法道院の岩淵家が昭和初期に九州へ移住した際に持参したといわれている。

その後、内御堂に高さ7・2センチの金銅聖観音立像が祀られた。優しいお顔ときれいに結い上げた**宝髻**、平穏な心を表す合掌**印**が特徴的である。**蓮華座**（蓮台）に立つ鋳造仏像で、鋳肌が滑らかで繊細で美しい。鋳造仏産地を誇る富山県高岡市に原型がある**仏師**・渡邊景秋の作である。不動明王立像は津要玄梁作だとのこと。

さらに内御堂には高さ約12センチの**厨子**に小さな**毘沙門天**立像が納められている。厨子の背面には「承徳二年六月廿七日」の墨書きがあり、像の**台座**部分に「別雷命」と陰刻されている。おそらく明治の**神仏分離**令により別雷神社となった際、毘沙

お前立ちの不動明王立像

かつて深山幽谷の修験道場だった新山権現堂は現在、別雷神社となっている

合掌し、蓮華座の上に立つ金銅聖観音立像

門天でありながら**ご神体**として別雷命の神銘を彫り込んだに違いない。

しかし、承徳2年とは西暦1098年の平安末期のことであり、このような古い天像が当地に祀られているということは再考の余地がある。

祭神の別雷命は「一般の雷神とは違い、とりわけ威力が特別である」という意味である。

外陣には、江戸後期の「鎮西(ちんぜい)八郎**源為朝**(ためとも)力競べの武者絵馬」がある。為朝が伊豆大島へ流刑になった際、島の鬼に自分の弓を引かせて力競べをし、鬼を負かした場面である。鬼より強い為朝を描くことで厄除け祈願になるとして奉納されたのであろう。

その他、戦前まで盛んであった岩

淵どうさいえんぶり組の烏帽子（えぼし）が3体、安政2（1855）年の宝剣額などが奉納されており、当地方において文化財の逸品を保有する最も古い霊場といえよう。

左側は天保12(1841)年の権現頭。昭和59(1984)年に修復され、新たに納められた権現頭が右側

山伏神楽の岩淵権現

「籠田（かごた）の権現様　耳とられてスカカ、スカカカ　岩淵の権現様　幕切られて縫っても縫っても縫い目が合わぬ」と民謡で歌われている。権現様とは獅子頭のこと。新井田村の対泉院の**門前**で松館籠田権現とけんかをした場面。籠田権現は岩淵権現に耳をかみ切られ、岩淵権現は籠田権現に幕を引きちぎられたという。

権現舞の神楽は修験道の布教のために演じたもので、この伝承は、まさに岩淵法道院と籠田愛善院の**霞**（かすみ）（祈禱エリア）争いであった。

藩行政の中枢的な上級武士による記録『遠山家日記』（八戸市指定文化財）の中に、岩淵権現がたびたびお祝いに来たとある。特に文化3（1806）年11月には、家屋新築の際、修験者（山伏）11人が来て権現舞を踊り、お礼として初穂料「三百三拾三銅八寸」を渡したと書き残されている。

権現頭には「天保十二年九月吉日　作者　八戸天狗沢　兼松　和吉」銘がある。また、新たに奉納された権現頭には「八戸十日市住　富治作」と記されている。

新山権現堂観音（別雷神社）

【本　尊】聖観音（**秘仏**）
【所在地】八戸市新井田岩淵34
【御縁日】7月第2日曜日（例大祭、元は旧暦7月17日）
【御朱印】小山家で所有（道路入り口角）
【その他】駐車場あり（小山家に断ってから利用）、石段あり、トイレなし　※緩い坂

新井田 浄生寺観音

八戸市

御詠歌

不思議者の誓いは新井田浄生寺
大日堂の清き流れに

おさわ似の美顔の観音像

八戸市新井田地区の消防団大館分団脇の小道を入っていくと、浄土宗・涼雲山浄生寺が鎮座している。**門前**には「奥州糠部三十三観音霊場第八番札所」と刻まれた石柱が立ち、巡礼者を歓迎している。

数段のきざはし（石段）を上るとすぐに、平成9（1997）年に新築された本堂がたたずんでいる。旧本堂を知る筆者にすれば、景観が全く変わり、とても明るい雰囲気の境内になったと感じる。旧本堂は昭和49（1974）年に増築しているが、それまでは**庵寺**のような造りだった。この増築の際、文政5（1822）年5月4日修築銘の木片が発見されて話題になった記憶がある。

地元では浄生寺のことを「上の寺」と呼ぶが、これは同じ新井田地区の**古刹**・対泉院に対して上手にあるためと思われる。

浄生寺は、3代八戸藩主・南部通信の生母である浄生院の**菩提**を弔うため草庵を建立したことに始まる。『新撰陸奥国誌』（明治9＝1876＝年）では寺の草創を元禄5（1692）年、然誉廓信が開山した（開基は不詳）と記しているが、『御領内寺院来由全』（明和年間＝1700年代後半＝と推定）では享保18（1733）年、良然廓信が開山、4代藩主・広信が開基したと記している。その後、新井田村の豪商・松橋孫助の尽力で、同19（1734）年に寺号と**山号**の許可が下り、涼雲山浄生（性）寺と命名され

浄生院の冥福を祈り、建立された供養塔

た。

浄生院は俗名・おさわ（お沢またはクリ子）で、美女の誉れが高かったという。初代八戸藩主・直房の兄で3代盛岡藩主・重信の側室となり、やがて通信を産む。おさわの父は盛岡藩士・栃内与兵衛とされているが、実は孫助の娘で栃内は義父であるとか、新井田村の浪人・田丸兵部の娘だとする説もある。また、母は新井田村の地頭・又右衛門の妻だったとか、扇ケ浦（白銀浜）の漁師の娘だったという説もあって、出自がはっきりしない。

本堂に向かって左側には高さ約2メートルほどの浄生院供養塔が立っている。本堂新築の前年に裏手から移設した。その自然石には「元禄十二年十二月廿九日」「南無阿弥陀佛　浄生院殿嶺光妙珂大姉」「一千日廻向」と、わずかに読み取ることができる。

隣には由来の碑文がある。浄生院

浄生院を供養するために建立された浄生寺

端正な顔立ちの四臂型十一面観音立像。写真左は修復前の昭和62(1987)年撮影、写真右は現在

没後、**千日回向**（えこう）の追善供養を行い、孫助らによって元禄12（１６９９）年に建立された。碑文には「御かつら（頭髪の一部）御櫛笄（こうがい）ヲ三重ノ箱ニ納メテ埋葬シタ」と刻まれているが、供養塔を移設した際、その三重の箱などは残っていなかった。

本堂**須弥壇**（しゅみだん）には、**本尊**の阿弥陀如来座像（八戸市指定文化財）が安置され、その脇に浄生院の位牌（いはい）がある。そして本堂を入って左端に、**唐破風**（からはふ）の立派な**宮殿**（ぐでん）型**厨子**（ずし）に納められた**四臂**（ひ）**型**木彫十一面観音像が立っている。高さ55㌢（全長１０５㌢）で、「浄生院に似せた美顔の観音様」といわれてきた。鼻筋の通った端正な顔立ちで、**蓮華**（れんげ）や**水瓶**（すいびょう）を奉持している。観音像は平成10（１９９８）年に修復されており、その前は頭部などに欠損部分が多く痛ましい姿ではあったが、それはそれでまた趣があった。

昭和20（1945）年ごろ、民俗学者・**小井川潤次郎**が本堂の一角から文化10（1813）年の岩井重良兵衛愛秀「八戸御城下三十三札所」の巡礼札（三十二番）を発見したが、現在はない。現存していれば文化財になり得る逸品であった。明治期の佐々木恭岑上人「八戸御城下三十三札所」十六番にも選ばれ、浄生寺は観音信仰に欠くことのできない霊場である。

◇　◇

御詠歌

岩井重良兵衛愛秀「八戸御城下三十三札所」三十二番

ただ頼め　はなの臺にのちの世を
清く生きるる御寺なるらむ

佐々木恭岑上人「八戸御城下三十三札所」十六番

ふしぎさの誓ひは新井田浄生寺
大日堂のきよき流れは

おさわ輿入れと松橋孫助

南部重信が浄生院と知り合うきっかけについては、さまざまな形で現在に語り継がれている。

重信が扇ケ浦を視察した際、地引き網を引く男たちに交じって仕事をしていたおさわの艶姿を見て、いたく気に入り側室に迎え入れた。このとき松橋孫助が仲人役となって、栃内与兵衛の養女とした上で輿入れとなったという。おさわ16歳。また、家臣がおさわを探し出してきたなど、他にも諸説ある。

孫助は寛永4（1627）年に**根城南部氏**が遠野（岩手県）へ領地替えになった際、新井田村で帰農した。後に井口屋の屋号で商業を営み、天和3（1683）年からは酒造業も兼ねた。また、**千石船**を建造して回船業を営むなど、八戸藩御用商人として活躍し、藩への献金もたびたび行った。享保13（1728）年には帯刀を許され、領内総山の支配も命ぜられた。

いずれにしてもこの輿入れが、松橋家が豪商として台頭する契機になったといってもいい。

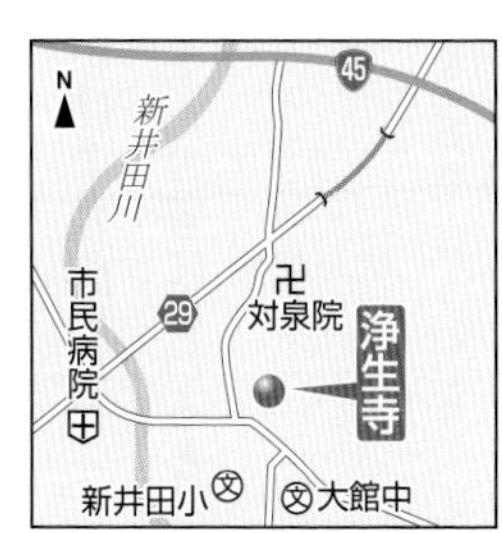

浄生寺観音

【観音像】 十一面観音
【所在地】 八戸市新井田坂5
【御縁日】 なし
【御朱印】 浄生寺で所有
【その他】 駐車場あり、石段あり、トイレあり

九番札所

糠塚 大慈寺観音堂

八戸市

御詠歌
平天に頼みをかけよ大慈てら
六つのちまたの苦にかわるとは

観音像33体安置したお堂

藩政時代、八戸城下南方の長者山は多くの寺社が立地し、城南の防衛拠点となっていた。その長者山南麓に曹洞宗・福聚山大慈寺が鎮座している。

大慈寺創建は、応永18（1411）年に**根城南部氏**の10代光経が秋田征伐をしたことに由来する。その合戦の際、敵の様子を教え、勝利に導いてくれた一老僧に感謝し、松館村にあった松月庵の旧跡を復興して「大慈寺」とし、根城南部氏の**菩提寺**にしたと伝えられる。大慈寺は鹿角の萬松寺**末寺**で、勝利に導いてくれた老僧が萬松寺の寶山正彌和尚といわれている。

しかし寛永4（1627）年、根城南部氏は遠野（岩手県）に領地替えとなり、松館村にあった大慈寺も遠野へ遷った。一方、松館村に残された寺跡は盛岡藩主・南部利直により、同じ名前で再興され、寛文4（1664）年に八戸藩が成立すると、**「領内十カ寺」**の一つとして名を連ねることになる。

ところが、八戸の城下町が発展するに従って、松館村では遠くて不便だとのことで、明岩幡察和尚が現在の糠塚に**宿寺**（出張所）を建てたのが延宝年間（1673～81年）のこと。住職も糠塚に滞在するようになり、天保元（1830）年ごろには整備も進み、本寺と宿寺との立場が逆転していく。そして明治21（1888）年、両大慈寺が同じ名前のままで独立し、今日に至っている。

八戸市内では火災によって**伽藍**を失った寺院が多いが、糠塚・大慈寺は火災に見舞われることなく諸堂を保ってきた禅寺である。美しく勇壮な**楼門式山門**と転輪蔵形式**経蔵**は平成30（2018）年8月、本堂と共に青森県重宝の指定を受けた。

山門をくぐるとすぐに本堂、そして本堂と向かい合って観音堂が鎮座し、隣に樹齢約600年の**イチョウ**がそびえる。観音堂は本堂と同じ文化2（1805）年に上野與惣治福重を棟梁とする**宮大工**たちによって建てられた。観音堂には古い千社札や多くの巡礼札が貼られ、格子戸の

大慈寺本堂。境内は禅宗伽藍が配置されている

大イチョウの隣に立つ大慈寺観音堂

扉を開くと、目を見張るばかりの33体の観音像がずらりと並び、中央に阿弥陀如来像が立っている。市内で33体を安置し、観音堂として独立した建造物はとても珍しい。観音菩薩は慈悲や救済を特色とし、さまざまな形態に変化して、さまざまな方法で救ってくれるという。その姿は聖、十一面、千手、如意輪などの各観音を基本としているが、当地方で珍しい馬頭観音の姿も奉納されている。

観音堂に並ぶ 33 体の観音像。上段中央は阿弥陀如来立像

これらの観音像は昭和10（1935）年に**台座**を修復しただけで、奉納されてから数々の歴史を見続けてきた。則誉守西上人の「順礼次第記」（寛保3＝1743＝年）には、観音堂で33体を拝んだ後、本堂**須弥壇**に祀られた**本尊**の観音菩薩（5ページ口絵②）を拝み、長者山に上ったと記されている。その本尊は、全体に金箔が施された高さ約60センチの木彫聖観音座像。台座に獅子をあしらい、りりしい**面相**で、爽やかな感じを与える。大慈寺は、本尊の別称「大慈大悲観世音」の「大慈」を取って寺号にしたのである。

ちなみに「**秩父三十四札所**」十番は、萬松山大慈寺（埼玉県横瀬町）という曹洞宗の**古刹**である。この霊場と大慈寺の御詠歌が酷似していることから、守西上人は秩父の存在を分かりつつ、同じ御詠歌を奉納したものと思われる。また、明治期の佐々木恭岑上人「八戸御城下三十三札所」七番にも定められている。

観音堂もあり、本尊も観音菩薩である大慈寺は、観音信仰において当地方きっての霊場といえよう。

◇　◇

御詠歌

佐々木恭岑上人

「八戸御城下三十三札所」七番

ひたすらに　たのみをかけよ福聚山
現世安穏　後世極楽

「秩父三十四札所」
十番（萬松山大慈寺）

ひたすらに　たのみをかけよ大慈寺
六つの巷の苦にかわるべし

青森県重宝の楼門式山門

山門と経蔵

山門については、天保2（1831）年に建立されたことを記す**棟札**が残っている。3間1戸の楼門式山門で、1階中央の入り口は、禅宗様建築の**琴柱火灯**風通路を取り入れているのが特徴。屋根は**入母屋造り**で、豪壮な楼門遺構である。両脇には仁王像が立ち、2階には十六羅漢像が安置されている。八戸市内では他に対泉院や松館・大慈寺にも楼門式山門が立っている。

山門をくぐって左側には、経典を収納する蔵である経蔵が立つ。5間四方で「裳階」と呼ばれる庇があることから2階建てに見えるが、実は1階建てである。中央には大蔵経を納める八角形書棚の転輪蔵が据えられている。17世智法宣隆が、経蔵を建立するために嘉永4（1851）年から安政2（1855）年にかけて近郷を托鉢して資金集めをした。同5（1858）年に上棟式を執行したという棟札も残っている。托鉢だけでは資金が足りず、**富籤**による資金集めも行った。東北でも極めて数少ない大型の経蔵である。

大慈寺観音堂

【本　尊】 聖観音、三十三体観音
【所在地】 八戸市長者1—6—64
【御縁日】 なし
【御朱印】 大慈寺で所有
【その他】 駐車場あり、石段なし、トイレあり

朔日町 来迎寺観音

八戸市

御詠歌

紫雲山のぼりて見れば如意輪の
御かげを拝む念彼観音

八戸大火後、浄財募り奉納

八戸は、寛文4（1664）年に八戸藩2万石として誕生した城下町である。中心街は戦災に遭うことはなく、昔のままの狭い道幅のため一方通行が多いものの、かつての町名がそのまま残されている。八戸藩の場合、寺町は長者山麓周辺の糠塚と、来迎寺を中心とした新井田街道出入り口の類家一帯に形成された。

八戸藩では、寺格の高い寺院を「**領内十カ寺**」として定め、藩から地方（農政全般の権限）や**扶持**（俸禄米）が与えられて、毎年正月には家老や寺社奉行から年頭の書が渡された。その一カ寺として浄土宗寺院の中で最も重きを成していたのが紫雲山来迎寺である。

来迎寺の**黒門**は商店街の中にあって見逃しやすいが、参道を進むと、朱色の太い柱が立つ白亜の本堂が鎮座している。このモダンな本堂は八戸市内初の鉄筋コンクリート造りである。

山号寺号は「紫雲たなびき御来光をお迎えする寺」という意味が込められており、弘安3（1280）年に**小田毘沙門堂**（現小田八幡宮）の裏手、臥龍ケ岡に乗誉了本上人が創建したという。根城南部時代は重臣・新田家の信任を得、永享8（1436）年、新田小十郎によって新井田今町へ遷った。ところが寛永4（1627）年、**根城南部氏**が遠野（岩手県）へ領地替えになった際、廿八日町へ遷座した。しかし、この場所は湿地帯で水はけが悪く、たびたび水難に遭ったことから元禄5（1692）年、現在地へ落ち着いたという（『紫雲山来迎寺縁起』）。八戸藩からは、日和乞いや雨乞い祈禱の藩命を受けたり、定期的に八戸にやって来る**遊行上人**や信濃（長野県）の善光寺**出開帳**の**宿坊**も仰せ付かったりしていた。

また、何度も火災に見舞われており、『八戸藩（**目付**所）日記』には延宝元（1673）年、同6（1678）年、文化3（1806）年などの被災記録が残っている。特に大正13（1924）年の**八戸大火**では多くの文化財を焼失してしまった。

大火のすさまじさを今に伝えているのが、本堂に向かって左側にある阿弥陀如来石像である。元禄13（1700）年、初代八戸藩主・南部直房の三十三回忌に合わせ、夫人の霊（れい）

八戸大火直後の阿弥陀如来石像（青霞堂絵葉書、八戸市立図書館所蔵）

八戸市内初の鉄筋コンクリート造りの来迎寺本堂

松院が類家荼毘所跡に造立し、その後、来迎寺に移された。全身が焼けただれ、その姿は痛々しい。

この大火で如意輪観音像を安置していた観音堂も焼失してしまった。

則誉守西上人の「順礼次第記」（寛保3＝1743＝年）には「来迎寺門之内本堂ノ左脇ニ堂蔵有り」と記され、御詠歌でもうたわれている。

しかし、30チ四方の厨子に入った33体の親指大の観音像は、奇跡的に焼失から免れた。後に巡礼者たちは、この厨子を背負って各札所を巡り歩いたともいう。観音像33体は「ゆび観音」と呼ばれ、親しまれている。

本堂に並ぶ33体の観音像。中段中央は新たに奉納された如意輪観音座像

大火後、観音堂を失っても「観音様を拝みたい」と言って参拝する巡礼者たちが後を絶たなかったため、34世木村弁学住職が浄財を募って新たに33体の観音像を奉納した。それが今日の三十三体観音像で、**須弥壇**に向かって右側一角に安置されている。ズラリと並ぶ33体の上段中央に厨子入り阿弥陀如来立像。中段中央は、新たに奉納した如意輪観音座像。八戸大火で焼失した如意輪観音を彷彿させる。

かつて来迎寺には多くの修行僧が

八戸大火での焼失を免れた33体の「ゆび観音」＝平成15(2003)年撮影

おり、30世黒滝了雲住職の弟子・佐々木恭岑（きょうしん）上人が信者を本堂に集め、観音講を催し、明治30年代に「八戸御城下三十三札所」巡りを始めた。その巡礼は来迎寺を一番とし、三十三番を廿八日町地蔵堂（**子安**観音像安置）に定めている。地蔵堂は昭和46（1971）年、廿八日町の豪商・**西町屋**の屋敷から来迎寺境内へ遷され、今日に至っている。

◇　◇

御詠歌

佐々木恭岑上人

「八戸御城下三十三札所」一番

ふだらくや　めぐりはじめのしうんざん
　いづ丶のつみもきえてこそゆく

同三十三番（廿八日町地蔵堂）

やすらかに軒をならべる君が代の
　巻にうと（た）う　よろづよの聲
いくとせも　ちかひをこゝにたのみおく
　二世安樂と　うつをさめける

八戸御城下三十三札所

明治30年代になると、佐々木恭岑が八戸巡礼史に登場する。恭岑上人は観音菩薩（ぼさつ）を厚く敬い、信仰していた。そして毎月17日には信者を来迎寺本堂に集め、観音講を開いていた。その際、「実際に私たちで旧八戸城下の観音巡礼をしてみよう」という話になり、独自に選び定めた番付および御詠歌が、この「八戸御城下三十三札所」である。

今日の八戸市内を中心とするコースになっている。車であれば2日でゆっくり回ることができる。

八戸御城下巡礼はもう一つの系統があり、江戸表台所奉行を務めた岩井重良兵衛（じゅうろべえ）愛秀（よしひで）の観音巡りである。重良兵衛は文化10（1813）年夏に養母の**菩提**（ぼだい）を弔うために一番札所・白銀清水川観音、三十三番札所・新井田対泉院とし、巡礼を始めたが、不明な札所が多い。

それに対し、恭岑上人の巡礼は33カ所全ての場所が明らかになっている。恭岑上人の巡礼は、その後、幾度か行われているようで、各霊場に打ち付けられた**納札**（のうさつ）を見ることができる。

八戸グランドホテル
340
さくら野百貨店
来迎寺
卍本覚寺
卍願栄寺
文 千葉高
ゆりの木通り
文 八戸東高
N

来迎寺観音

【本　尊】 ゆび観音、三十三体観音
【所在地】 八戸市朔日町24
【御縁日】 なし
【御朱印】 来迎寺で所有
【その他】 駐車場あり、石段なし、トイレあり

十二番札所

南宗寺横枕観音

八戸市

御詠歌

ただたのめ　誠の時は　よこまくら
来たり迎へん弥陀の三尊

元は水神　義経伝説と由縁も

八戸市街地南方の長者山西に鎮座する臨済宗妙心寺派・月溪山南宗寺の本堂に、横枕観音像が安置されている。しかし、もともと南宗寺に安置されていたわけではなかった。

『八戸祠佐嘉志』（文久元＝1861＝年）によると、横枕観音像は宝治2（1248）年、馬淵川に架かる大橋の東方、坂ノ下に水神として祀られ、西光坊という**修験者**（山伏）が祈禱をしていたという。横枕とは、新田開発をした際、横に細長く余ってしまった水口の土地のことをいう。このような場所は、水温が低く稲の生育が悪いため、不吉と考えられて観音像を祀ったものと思われる。また、『三翁昔語』後編（安永元＝1772＝年）によると、**根城南部氏**の重臣・横枕氏が応永18（1411）年の津波によって被災し、家門が絶えてしまった記述がある。そのため、横枕氏の持仏（守り本尊）であった観音像を祀るためか、または一族供養のため、後世の人々が観音堂を建立したものとも考えられる。

さらに、なんとこの横枕観音は、八戸地方の**源義経北行伝説**をまとめた『類家稲荷大明神縁起』（享保14＝1729＝年）の中にも登場している。平泉から逃れてきた義経は八太郎村のほたる崎に寺を建立し、家来の**武蔵坊弁慶**に観音像を彫らせたという。やがて寺が横合いより大波に押しまくられたので、これを「横まくりの観音」と呼び、坂ノ下に観音堂を遷した。弁慶作とは飛躍し過ぎているが、それだけ由緒ある観音堂だということである。

しかし、今度は「白髭水」と呼ばれる洪水が起こり、初代八戸藩主・南部直房の妻・**霊松院**が長根天満宮隣に遷した。『八戸藩（**日付**所）日記』宝永7（1710）年5月17日条には「今日観音御入仏御座候」と記されている。この日の日記には「雨」とあり、横枕観音はやはり水と関わりがあるようだ。「雨覆横枕観音」とも呼ばれ、特に天候、雨乞い、水難、火防（ひぶせ）を祈願した。『八戸南部史稿』には、このとき、**簗田平治**（やなた）が普請奉行に命じられたとある。その後、藩命で幾度か修改築している。

この場所は城下への近道となることから往来者も多く、盛岡藩領の人々も利用していた。そのため『盛岡藩雑書』にたびたび記録され、盛岡藩からの崇敬も厚かった。

則誉守西上人（そくよしゅさい）の「順礼次第記」（寛保3＝1743＝年）に「堂舎五間四方、八戸郡内上下共に帰敬」と記されており、観音堂はかなり大きなものであった。ここからは八戸城（現三八城公園）の様子を手に取るように眺めることができたことから、おそらく西方鎮護のために奉祭（ほうさい）したのではないだろうか。現在でも観音堂跡地東側の低地帯を「観音下」と呼んでいる。

南宗寺に安置されている観音像

明治 24（1891）年の焼失の4年後に再興された南宗寺本堂

南宗寺に安置されている聖観音座像

は、**厨子**の中に納められた高さ17・5㌢の一**木造**聖観音座像で、鼻筋の通った理知的な**面相**をしている。左手に**蓮華**を持ち、輪**光背**を背負い、木目もよく表されて美しい。

明治24（1891）年の火災で本堂が焼失したことから、火難除けのため、横枕観音堂の**本尊**を売市村長根の観音堂から移したものと今まで考えられていたが、今回、再調査したところ、**台座**底面に墨書銘があった。その銘には「佛工　山本茂祐　弘化四未年三月　正観世音像此座年忌ニ付新開　進慶様作之　俗名元次郎吏（事）　茂祐　只也　明治四未六月廿四日　二十五回忌相当りニ付改置」とある。弘化4（1847）年に観音堂へ納められたが、明治の**神仏分離**の際、南宗寺へ移されたという。それを裏付ける史料が上級藩士の逸見家の日記『興長一代記』（明治4＝1871＝年）で、「明治四辛未年二月十九日　売市村字長根横枕観音御廃し、南宗寺へ遷座相成り候事」とある。また、同じく上級武士による『遠山家日記』（八戸市指定文化財）の享和4（1804）年4月15日条には「今日より七日之内、横枕観音開帳有之」とあり、**秘仏**だったようで、4月には1週間の**ご開帳**が許されていたことが分かる。

このように八戸藩**菩提寺**にふさわしい由緒ある観音像が安置されているのである。また、明治期の佐々木恭岑上人「八戸御城下三十三札所」十八番にも定められている。

御詠歌

佐々木恭岑上人
「八戸御城下三十三札所」十八番
むかしより　かはらぬみやの観世音
よこまくらなすも　ひさしなるらん

青森県重宝の四脚門形式の山門

南宗寺

八戸藩菩提寺の南宗寺は、八戸城下南方の守りとして集められた寺社の中核である。初代藩主・南部直房が、父の利直(法号・南宗院殿月渓晴公大居士)の霊を弔うために寛文6(1666)年に開いた、臨済宗京都妙心寺派の格式高い寺院である。「**領内十カ寺**」筆頭で、開山は盛岡の東禅寺7世東厳和尚。初めは類家の本寿寺隣に創建したが、その場所はひどい湿地帯で墓地には適さず、同11(1671)年に現在地に遷座した。この事業は、八戸の大工だけでは手が足りず、盛岡からも応援を受けるほど大規模なものだった。境内東側の高台に歴代藩主の墓所(青森県指定史跡)があり、一段下がった場所には一族や子女の墓所がある。

南宗寺は焼失の4年後に再興され、八戸城大広間にあった杉戸や桐戸(八戸市指定文化財)などを移している。その他にも、霊松院が奉納した二十五条袈裟や、算術家が解明した和数の解法を掲げた算額・算木が八戸市文化財、境内入り口の四脚門形式の**山門**が青森県重宝に指定されている。

南宗寺横枕観音

【本　尊】聖観音
【所在地】八戸市長者1—7—57
【御縁日】なし
【御朱印】南宗寺で所有
【その他】駐車場あり、石段なし、トイレあり

根城 隅（すみ）の観音堂

八戸市

御詠歌

根城なる隅の観音ふし拝め
種々（しゅじゅ）重罪も五逆消滅

沢里館の小高い丘に鎮座

八戸市内から国道104号を進み、**八戸市博物館**を過ぎると、すぐ右手に**史跡根城の広場**がある。発掘調査に基づいて復元された安土桃山期の城館を日の当たりにできる。昭和16（1941）年、国史跡に指定され、平成18（2006）年には「日本100名城」にも選ばれた、八戸を代表する観光スポットである。特にボランティアガイドによる親切丁寧な案内は高い評価を得ている。

根城は建武元（1334）年、陸奥国司・**北畠顕家**（きたばたけあきいえ）の糠部郡奉行であった**南部師行**（もろゆき）が甲斐国（山梨県）から下向して築いたという。『八戸家伝記』（享保年間＝1716～36年）には「奥塞之根柢也」（おくさいのこんていなり）（根底となる城）という意味で命名されたと記されている。馬淵川下流の右岸、標高約20メートルの台地に築かれた平城（ひらじろ）で、本丸をはじめ、堀を巡らせた八つの曲輪（くるわ）で構成される。その中の一つ、沢里館に隅の観音堂が鎮座している。

沢里館は、根城本丸の南東に位置し、重臣の沢里氏が居住していた。ところが寛永4（1627）年、**根城南部氏**が遠野（岩手県）に領地替えとなり、沢里氏も同行したため、隅の観音に関する記録は数少ない。『三翁昔語』（さんおうせきご）の「明和年中改根城図」（明和元～8＝1764～71＝年）や『南部諸城の研究』（沼舘愛三著）に、その当時の様子の一端をうかがうことができるだけである。

『南部諸城の研究』の絵図には、沢里館の北東に禅源寺と善応寺の跡があり、それと並んで「古観音」と記された旧隅の観音堂跡が見られる。禅源寺は現在、八戸市糠塚に遷（うつ）っており、善応寺は廃寺となっている。『三翁昔語』の根城図では、かまぼこ形をした沢里館に「クワン音」と表記されており、明和年間に現在地に遷されていたことが分かる。観音堂の前の小道は、三戸方面への主要道として使われていた。

2間四方の隅の観音堂は、根城の広場の時計塔向かいの旧道を進んだ突き当たりの小高い丘にたたずんでいる。昭和48（1973）年に、境内の杉林を伐採してお堂の修復に充てており、とても日当たりの良い環境である。**内陣**中央には格子戸があり、その奥に青紫の布で覆われた**内御堂**が納められている。現在は**ご開帳**もなく、この格子戸を開くことはない。

則誉守西上人の「順礼次第記」（寛保3＝1743＝年）には「本躰ハ石也」と記され、**菰**で包まれた自然石を観音菩薩として拝んでいる。内御堂の両脇には高さ60㌢ほどの観音像が2体、**お前立ち**として安置されている。

禅源寺の徳玄和尚が弘化4（1847）年に著した『根城村観世音縁起』（西沢家所蔵）によると、向かって右側のお前立ちは**恵心僧都**（**源信**）作で、徳玄和尚が京都の妙心寺より勧請した。合掌をした木彫聖観音

国指定史跡の根城の一角、沢里館に鎮座する隅の観音堂

右側のお前立ちの観音像は恵心僧都作と伝わる

像は顔がほとんど崩れ、雲文舟形**光背**も半分欠けているなど、痛ましい姿である。左側は、大きな**蓮華**を両手で支えた、ふくよかな慈悲深い**面相**の石造り聖観音像である。

平成の初めごろまでは町内の高齢者が観音堂に集まり、隣の根城集会所で観音講を催していたが、今では参加者2～3人ほどだという。また観音堂は、かつては根城**杁**組のえんぶり宿にもなっていたが、継承者がいないため、烏帽子だけが**外陣**に飾られている。内陣奥に保管された文化10（1813）年の岩井重良兵衛愛秀の**納札**は特筆できる。

境内の大**イチョウ**の根元には、禅源寺の大江和尚が寛延4（1751）年10月に建立した猪**ケガジ**（飢饉）

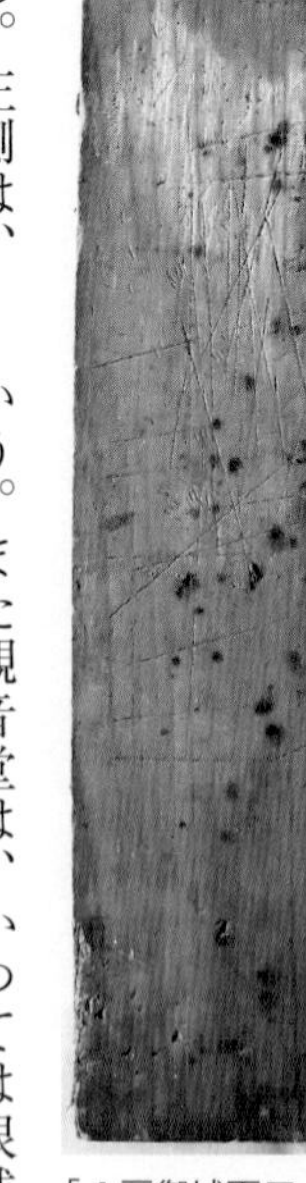

「八戸御城下三十三札所」最古の納札の表面（右）と裏面

の悪獣退散祈願の石殿も立ち、ひっそりと後世の平安を見守っている。

◇　◇

御詠歌

岩井重良兵衛愛秀
「八戸御城下三十三札所」二十二番
露艸（草）をわけつつすみの観世音
おがむたもとに　月のはれけり

佐々木恭岑上人
「八戸御城下三十三札所」二十三番
希う　心は隅の観世音
きよき流れに身をば洗うて

悪獣退散を祈願して建立された石殿

岩井重良兵衛の巡礼札

岩井重良兵衛愛秀の巡礼札の表には「御城下廿二番根城隅観世音源愛秀敬白　露艸（草）を分徒々すみ能観世音　於可む堂も登爾　月の者連介」と刻まれている。これは自らがあらかじめ詠み、刻んだ巡礼札を作っておき、実際に現地を巡礼した際、札打ちしたものと思われる。裏には「文化十 癸 酉年初夏吉辰　岩井重良兵衛謹拝」と墨書きされている。縦45チセン、幅15・6チセン、厚さ2・1チセンの木板に黒漆を塗っており、当地方においては他に類を見ない立派な巡礼札である。ただ、残念なことに右側が2チセンほど欠損している。

『森家伝書』によると、重良兵衛は八戸藩士・森九伝治愛永の嫡男として宝暦6（1756）年に生まれ、伯母の岩井ルンの養子となった。ルンは5代八戸藩主・南部信興の側室となり、その威光もあってか、重良兵衛は天明2（1782）年に勘定方、同8（1788）年には江戸表台所奉行へと異例の出世をする。その後、ルンが文化10（1813）年に死去したことから、菩提を弔うため巡礼を始めた。

隅の観音堂

【本　尊】聖観音（秘仏）
【所在地】八戸市根城8—14—19
【御縁日】9月17日
【御朱印】西沢家で所有
（観音堂入り口正面向かって左側の小道を入って左側）
【その他】駐車場なし、石段あり、トイレあり

十三番札所

坂牛

坂牛（さかうし）観音堂（坂牛八幡宮）

八戸市

御詠歌

六道をかねてめぐりておがむべし
又後の世をきくも　さかうし

聖徳太子作と伝わる秘仏

八戸市八幡地区に入ると、「南部一之宮」として多くの信仰を集めている櫛引八幡宮が鎮座する。**本殿**や旧**拝殿**などの5棟が国の重要文化財の指定を受け、さらに国宝の鎧兜（よろいかぶと）2領をはじめ数々の文化財を所蔵している。

その櫛引八幡宮の南参道を進むと坂牛集落となる。坂牛集落は、田面木（たものき）地区と八幡地区の中間の山寄りに位置する。櫛引八幡宮の例大祭では、天狗沢、笹子、田面木などの近在の農家が作った郷土玩具「**八幡馬**（やわたうま）」が坂牛を通って運ばれた。櫛引八幡宮に近い坂牛は、神社と一体の地域として存在したと考えられ、神社に通じる交通路としての役割を担っていた。

坂牛集落の小高い丘の上には曹洞宗・福聚山（ふくじゅさん）凉雲寺が鎮座し、その隣の杉木立に囲まれて坂牛八幡宮がひっそりとたたずんでいる。明治元（1868）年の**神仏分離**令の際、**誉田別尊**（ほむたわけのみこと）を祭神として祀（まつ）り、旧**村社**として生まれ変わるまで「坂牛（さごし）観音堂」と呼ばれていた。そのため、地元では坂牛八幡宮より「さごしの観音様」と呼んだ方が通りがいい。

現在は櫛引八幡宮が主管しており、4間四方の拝殿外壁には多くの巡礼札が貼られたり打ち付けられたりして、観音信仰の深さをうかがい知ることができる。則誉守西（そくよしゅさい）上人の「順礼次第記」（寛保3＝1743＝年）には「堂ハ二間四面　御堂有リ　近年ノ修覆　南ノ方ニ禅寺凉雲院アリ　別当源右エ門ト云」とあり、このとき観音堂を改修したばかりで、別当（管理者）は源右エ門と紹介している。この源右エ門こそ、今日管理している山田家の祖先である。

本尊は**聖徳太子**の御作（みさく）と伝えられてきた**秘仏**の観音像であることから、昭和61（1986）年に坂牛八幡宮の管理者・山田源弥氏から依頼

され、観音像の調査に入ったことがあった。**内御堂**(うちみどう)の二重に錠が掛かった扉を開くと、空間いっぱいに**御神鏡**が祀られ、その奥に錦布に包まれた高さ30センチほどの観音像が安置されている。

胴体内が空洞で、これを「内刳り(うちぐ)り」と呼ぶ。像内をくりぬいて木芯を取り、干割れを防ぐ技法で彫り上げる**一木割矧造**(いちぼくわりはぎづくり)である。それでも両肩

かつて坂牛観音堂の管理を担っていた涼雲寺

かつて観音堂だった坂牛八幡宮

聖徳太子御作と伝わる観音座像＝昭和 61（1986）年撮影

にはひびが入っていた。

面長な顔の表情は、はっきりしており、笑みをたたえた**彫眼**技法の目には優しさがあふれている。装飾品はなく、衣だけをまとっており、金箔が施されていたようだが、今は顔に若干その跡を残すのみである。室町末期から江戸初期の作と推定される。

弘化2（1845）年3月18日の**棟札**には「奉修覆　坂牛村千手観世音菩薩大公御武運長久」と墨書きされており、この像が千手観音であったことを証明している。**台座**の背後に縦に1本の木が立てられているが、おそらくここに**後手**である千手と**光背**が備え付けられてあったに違いない。

この地は、八戸藩**修験者**（山伏）の総録（総元締め）・**常泉院**の**霞**（祈祷エリア）であり、藩主の祈願所として定められてきたことが棟札の裏面に記されている。ただし、常泉院は遠方のため、普段は観音堂隣の涼雲寺が管理一切を任されていた。

境内の**手水舎**には「八戸御城下八

戸藩廿四番札所」と刻まれ、これは文化10（1813）年の岩井重良兵衛愛秀による巡礼番付。明治期の佐々木恭岑上人「八戸御城下三十三札所」では二十五番に定められている。

◇　◇

御詠歌

佐々木恭岑上人

「八戸御城下三十三札所」二十五番

たのもしや　誓ひはおもき坂牛に
ひかれてまゐる　後の世のため

※岩井重良兵衛愛秀の「八戸御城下三十三札所」では二十四番に定められているが、御詠歌は不明

「圓通殿」と篆刻された扁額

涼雲寺と涼雲院

坂牛観音堂は藩政時代、涼雲寺が管理を任されていたが、専任住職がいなかった時代もあり、地域住民が管理をすることもあった。

『御領内寺院来由』によると、涼雲寺は十九番札所の法光寺（南部町）の**末寺**。法光寺8世久室英長和尚が、櫛引村から馬淵川を越えた烏沢の地に巌龍山涼雲院を創建し、その後、延宝年間（1673～81年）に隠居所として坂牛村へ草庵を編んだのが涼雲寺の始まりである。それ以来、坂牛観音堂と関わりを持ってきた。その頃は涼雲寺も「涼雲院」と称しており、則誉守西上人の「順礼次第記」でも涼雲寺と書かずに「南ノ方ニ禅寺涼雲院アリ」と記されている。昭和17（1942）年の宗教法人令の際に涼雲寺と命名された。

現在、坂牛八幡宮には「圓通殿」と刻まれた篆書の**扁額**が本殿奥に納められているが、これも涼雲寺と関わっていた。観音菩薩のことを「円通大士」と呼ぶことから、圓通殿とは観音堂のことを示している。神仏分離令発布のときまで、この扁額を観音堂の入り口に掲げていた。

N
櫛引の観音堂
櫛引八幡宮
104
坂牛八幡宮
明治小
涼雲寺
明治中

坂牛観音堂（坂牛八幡宮）

【本　尊】 千手観音（**秘仏**）
【所在地】 八戸市坂牛坂牛18―1
【御縁日】 11月17日（例大祭）
【御朱印】 山田家で所有
（坂牛八幡宮手前の三差路のビニールハウスがある小道を進んだ突き当たり）
【その他】 駐車場あり（涼雲寺）、石段あり、トイレなし

十四番札所

八幡 櫛引（くしひき）観音堂

八戸市

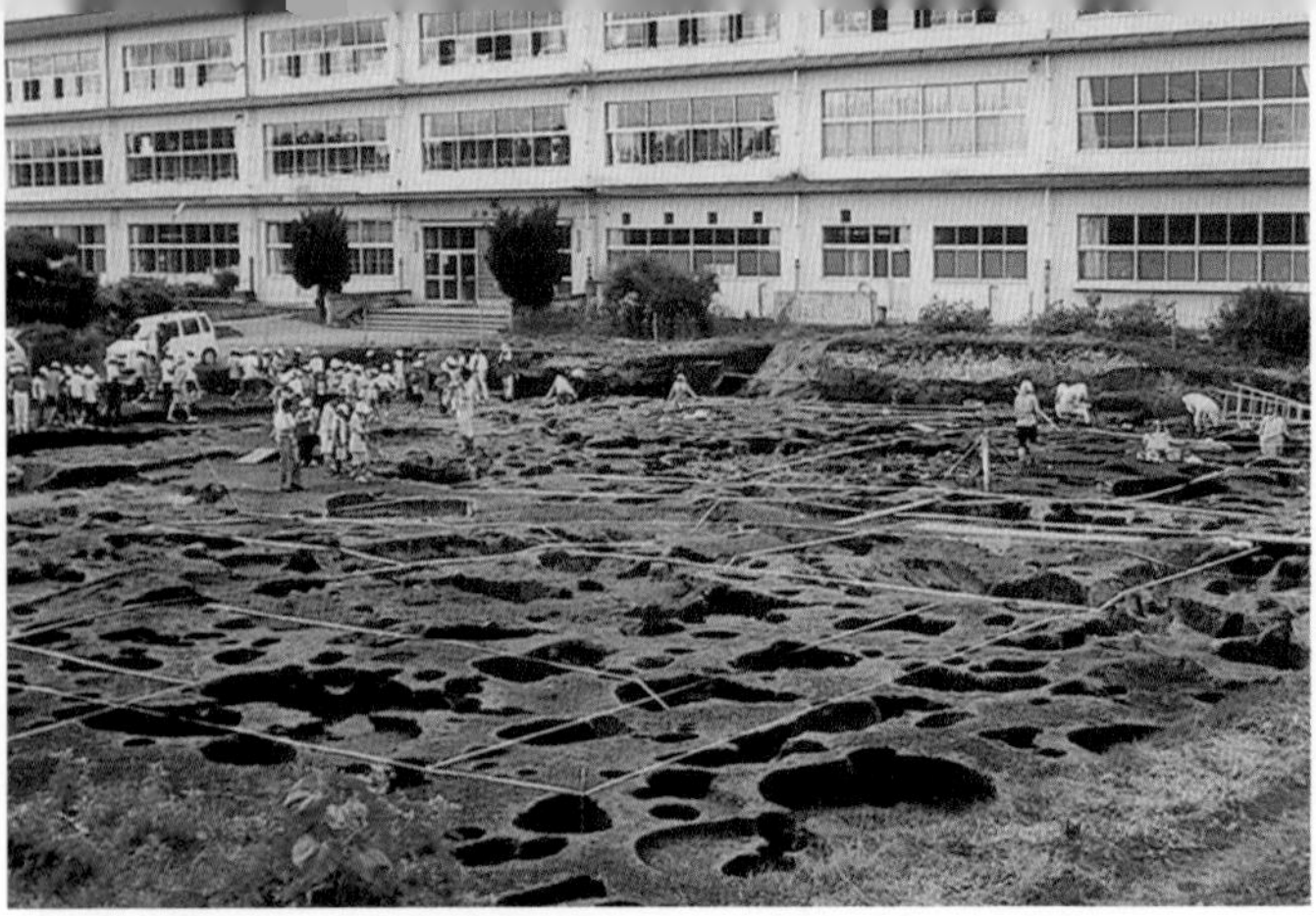

普門院の存在を立証した発掘調査の様子
＝平成 18（2006）年撮影（八戸市教育委員会提供）

火難免れた観音像祀る

八戸市櫛引地区一帯は、藩政時代には盛岡藩領の飛び地であり、「南部一之宮」の櫛引八幡宮を管理する普門院という天台宗寺院が鎮座していた。

平成16（2004）年、明治小学校体育館を建て直す際に試掘調査をしたところ、**根城**時代末期（1600年代初期）の**蓬萊鏡**（ほうらいきょう）が出土したことにより、平成18（2006）年4月から本格的な発掘調査が行われた。その調査で2棟の大型掘立柱（ほったてばしら）建造物跡が発見され、普門院の巨大構造物の存在が立証された。それまでは普門院について、さまざまな文献史料に書かれてはいるものの、その場所も特徴も一切分からなかったのである。

元和7（1621）年、盛岡藩内に85カ所の寺が石高を頂いていた中で、普門院は領内筆頭の1039石を有していた（『岩手県史』第五巻近世編2）。

『普門院絵図』（小笠原家所蔵）によると、櫛引八幡宮から普門院までの道路両脇に**衆徒**（しゅうと）六坊（六坊屋敷＝**塔頭**（たっちゅう））が並び、八幡宮の周りには神主・社人、八乙女（やおとめ）らが住まいしていた。また、幕末に盛岡藩士・漆戸茂樹が描いた絵図『北奥（ほくおう）路程記』（岩手県立図書館所蔵）では、普門院の西隣に観音堂や斉明寺がある。

御詠歌

かれ木にも花咲く誓い普門院
八幡の里に三十（みそじ）三体

斉明寺は現在の館郵便局付近、観音堂は明治小学校校門付近に当たる。

さらに則誉守西上人の「順礼次第記」(寛保3＝1743＝年)には「霊社之囲ノ地　少シ離レ　圓通大士ノ像三十三体ヲ建立　八幡郷三十三観音堂舎　本願主　前別當　源慶法印堂守」と記されている。守西上人一行は33体の円通大士（観音）像を安置した観音堂に札打ちした後、舟で馬淵川を渡って一日市村を経て、七

平成 20(2008)年ごろまで境内は木が茂り、鳥居が立っていた

日当たりの良い境内となった櫛引観音堂

八幡郷三十三観音堂に安置されていたうちの一体だった聖観音立像
＝平成13（2001）年撮影

崎村へ向かっている。このときの普門院別当（管理者）は小笠原源慶であったとし、御詠歌に「八幡の里に三十三体」と詠んでいる。

明治の**神仏分離**令により普門院は**復飾**（還俗）し、やがて櫛引八幡宮の管理をはじめ全ての職務から離れ、宗教活動を行わなくなった。明治26（1893）年の一日市大火の際には、馬淵川を越えた飛び火により、観音堂を含めほとんどの堂舎が類焼してしまい、その後、再建されることはなかった。こうして普門院の存在が歴史の中から消えていった。

円通大士像33体のうち、難を逃れた1体が現在、櫛引観音堂に祀られている。観音堂は、櫛引八幡宮西参道入り口向かいの田村家の宅地に鎮座している。平成20（2008）年ごろまでは、うっそうとした木々に朱色の鳥居と観音堂が囲まれていたが、今ではほとんどの木が伐採され、鳥居も撤去された。

かつては毎年4月27日に地域の人々が集まって「お神酒上げ」（**御縁日**）を催していたが、現在は行っていない。代替わりによって観音堂を個人で管理していく難しさについて問題提起しているといえよう。

本尊は**厨子**に納められた高さ約20センチの木彫聖観音立像で、**台座**は欠損し、台座の一部である**蓮弁**の上に立つ。右手は施無畏**印**、左手に何か持っていたようだが欠損している。指の形から、おそらく**蓮華**を奉持していたと思われる。金箔が剥げ落ちたり、**宝冠**や台座が欠損したりしているのは火難による傷痕だろうか。それでも伏し目がちなお顔はふっくらとし、慈悲深さがにじみ出ている。

明治の大火後、田村家で観音堂を建て、管理してきたのは、同家が**坂上田村麻呂**の末裔であるという伝承を持つ旧家だったからと考えられる。

普門院

「八幡普門院系譜抜書」（『青森県史』中世1所収）によると、初代別当は宥鑁で、一族が代々跡を継いだ。50代源祇が復飾して小笠原準治郎長祇となった。『邦内郷村志』（大巻秀詮編著、明和〜寛政年間＝1764〜1801年）によると、寛政年間（1789〜1801年）、普門院を中心に24人で組織されていた。

普門院の跡に現在も残っているものは、**門前**にそびえるグミの木ぐらいである。かつて松の古木も繁っていたが、明治小学校の体育館建設の際、伐採したという。普門院本家の墓は同校に隣接した墓地にあるが、当主は青森市に在住し、神葬祭の形態を執っている。分家の小笠原家はほとんどが曹洞宗で、九番札所の糠塚・大慈寺（八戸市）や六戸町鶴喰の月窓寺を**菩提寺**としている。

『北奥路程記』によると、普門院の敷地は53間（約90メートル）×44間（約75メートル）で、周囲は深さ3メートルほどの堀で囲まれていた。堀は昭和に入っても残っており、小笠原敬二氏（大正15＝1926＝年生まれ）は「小学生の頃、堀跡をごみ捨て場としていたが、その後、カボチャを植えて校内栽培した。堀を隔てて戦争ごっこもした」と語っていた。

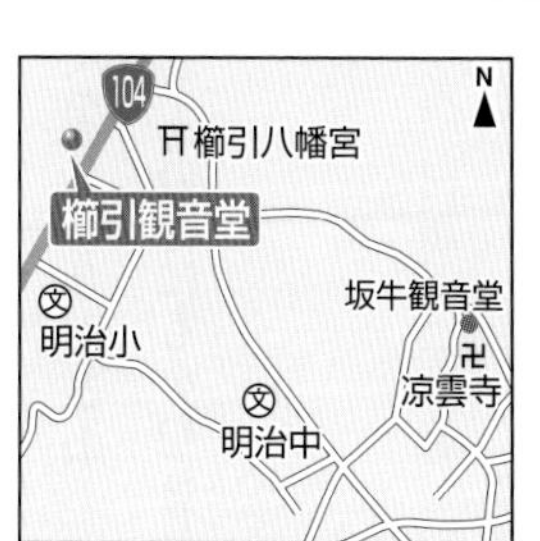

櫛引観音堂

【本　尊】聖観音（**秘仏**）
【所在地】八戸市八幡五日町35—1
【御縁日】なし
【御朱印】前川金物店で所有（観音堂向かい）
【その他】駐車場なし、石段なし、トイレなし

十五番札所

七崎山 徳楽寺観音（普賢院）

八戸市

御詠歌
頼みある しるべなりけり七き山
誓いはすえの世にもかわらじ

語り継がれる七崎姫伝説

藩政時代、八戸市豊崎地区境沢の西方は盛岡藩領であった。そして、永福寺地区の西端の真言宗豊山派・宝照山普賢院を中心に集落が立地するという**門前町**的街並みが現在も構成されている。

普賢院の前身が永福寺で、永福寺が今日の南部町へ移転し、さらに盛岡へ遷って地名だけが残った。普賢院に隣接して七崎神社があり、観音像は、同神社の前身であった七崎山徳楽寺に祀られていた。

現在、同神社には13枚の**棟札**が保存されている。その中の貞享4（1687）年のものには、徳楽寺が慶安2（1649）年に落雷で焼失したため、阿闍梨宥鏡が盛岡藩主・南部重信をスポンサーとして3間四方の茅葺きの本堂を明暦元（1655）年に建て、金色の聖観音像を安置したとある。

しかし、徳楽寺の由来については、**坂上田村麻呂**や**南祖坊**が登場したり、隣の普賢院と関わりがあったりと諸説紛々である。その中で、七崎神社神職の小泉幸雄が編集した『**郷社**七崎神社誌』（大正6＝1917＝年）は、よくまとめられている。

それによると、昔、京都の四条中納言・藤原諸江卿が、世をはかなんで船出したところ、白銀浜に漂着し、浜沿いを歩いているうちに八太郎（現在の三菱製紙八戸工場付近）へたどり着いた。ここで漁師をしながら暮らしていたある日、網に観音像が引っ掛かったので、小さな祠を建てて安置した。やがて承和元（834）年1月7日、夢枕に立った観音菩薩からお告げを受け、八太郎から現在の七崎に移り、徳楽寺を建立したという。

その際、境内に北斗七星の形になぞって7本の杉を植えたとされ、現在、そのうちの3本が残り、「神の杉」と呼ばれている。この杉は樹齢約千年を数え、市内で最も古く大きなご神木のため、昭和48（1973）年、八戸市天然記念物に指定されている。

徳楽寺について、『御領分社堂』（宝暦年間＝1751～64年）には「観音堂　四間四面萱葺き　永福寺持」、則誉守西上人の「順礼次第記」（寛保3＝1743＝年）には「別当ハ普賢院也　尤モ森岡永福寺ノ持也　知行五百石ト云ウ大社也」とある。『新撰陸奥国誌』（明治9＝1876＝年）には徳楽寺の鳥瞰図が描かれ、**修験者**（山伏）の拠点として大寺院であったことが分かる。今も七崎神社境内の杉木立や石段に往時をしのぶことができる。

観音像は、明治元（1868）年の**神仏分離**令により徳楽寺が改宗し、七崎神社に生まれ変わったことから普賢院へ移安された。ところが、七崎神社に巡礼者が観音菩薩を拝みに訪れるため、また七崎神社**本殿**へ

承安元（1171）年に行海法印が開いたという普賢院本堂

移し、戦後になって再び普賢院に戻された。観音像は普賢院の**内陣**奥の**厨子**（ずし）に**秘仏**として納められ、その扉を開くのは毎年旧暦正月17日の「**お籠**（こ）**もり**」と翌日だけである。

高さ20ｾﾝﾁほどの金銅像は、小さいながらも均整の取れた上品で温和な容姿をしている。雲文舟形**光背**に右手は**施無畏印**（せむいいん）、左手は**蓮華**（れんげ）を奉持した典型的な聖観音立像（りゅうぞう）である。また、観音縁起として藤原諸江卿の娘・七崎姫が八太郎沼（蓮沼）の大蛇を退治した後、観音菩薩として祀られたという伝説もある。

七崎姫の伝説を伝える聖観音立像＝平成13（2001）年撮影

かつては七崎神社の神輿（みこし）に観音像を載せ、幟（のぼり）を立て、太鼓やお囃子（はやし）と共に、八太郎の神輿沼にあった**石殿**（いしどの）へ参詣する「御浜出（おはまで）」の神事も行われていた。七崎神社の神輿殿には明和年間（1764～71年）の神輿が

七崎神社本殿。神仏分離令により徳楽寺が改宗し、同神社となった

徳楽寺の鳥瞰図(『新撰陸奥国誌』第5巻所収)

あり、普賢院**山門**脇には神輿沼(御神酒沼)にあった七崎姫の石殿が移安されている。

御浜出神輿渡御祭

七崎姫伝説によると、昔、八太郎沼(蓮沼)に大蛇がすんでおり、干ばつなどの天災を起こすので、毎年**人身御供**を行っていたという。ある年、都から流されてきた七崎姫という身分の高いお姫様が、この話を聞いて身代わりを申し出て、観音経1巻と守り刀1振りを持って村人の担ぐ神輿に乗り、沼のほとりに運ばれてきた。やがて暗闇の沼から大蛇が出現すると、姫は懐刀を目の前に置き、観音経を唱えた。すると、その一文一文が刀となって大蛇に突き刺さり、大蛇は二度と悪さをしないことを約束し沼へ沈んだ。

ところが翌朝、姫は沼のほとりで息絶えていた。ふびんに思った村人は姫を七崎観音として祀り、七崎村に観音堂を建て、八太郎の神輿沼のほとりには石殿を祀った。さらに、沼の主が悪さをしないか監視するため、旧暦4月7日に神輿沼への「御浜出」神事が始まった。行列は明治28(1895)年以降中止となり、現在、沼は埋め立てられている。

七崎神社境内には八太郎から運んだ「唸り石」もある。

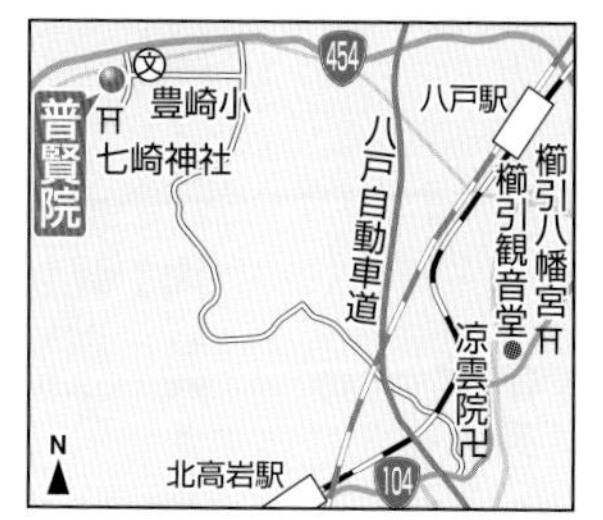

徳楽寺観音(普賢院)

【本　尊】 聖観音(**秘仏**)
【所在地】 八戸市豊崎町上永福寺20—2
【御縁日】 旧暦1月17、18日
【御朱印】 普賢院で所有(観音厨子の隣に設置)
【その他】 駐車場あり、石段あり、トイレあり

斗賀 霊現堂観音（斗賀神社）

南部町

御詠歌

あり難や外家（斗賀）凉（霊）現堂の観世音
五障の霞　内に残さじ

数々の貴重な文化財所蔵

南部町剣吉地区の国道104号沿いに鎮座する斗賀神社。かつて「ヨギドゥ」と呼ばれた霊現（了現、凉現）堂である。参道を国道が分断しているが、一の鳥居は旧道沿いに立っている。

斗賀神社の由来について、『霊現堂縁起』（斗賀神社別当・川村家所蔵）や『梨子木平観世音縁起』（太田広城書写）には、高貴な人物が流浪しながら試練を克服して神になるという説話「貴種流離譚」が書かれている。それは二条関白太政大臣・藤原有家の物語である。

有家は宝亀年間（770年代）、因幡守平秋朝の讒言により太政大臣の座を追われ、15人の家来と共に都落ちし、侍浜（久慈市）に舟でこぎ着いて居住した。ある日のこと、阿弥陀如来のお告げがあり、一行は北へ旅立つことになった。途中、八戸の梨子木平で弟の北島政継が亡くなったため、家来に墓守を任せ、自らは斗賀村へ入り、ここで54年の生涯を閉じたという。

その後、都では有家が無実の罪であったことが分かり、再び元の地位を授けられた。また、勅旨（天皇の命令書）を奉じて**坂上田村麻呂**が来村し、この場所へ霊現山新禅寺を創建し、有家を十一面観音として祀ったのだという。しかし、有家といえば『新古今和歌集』の選者で知られる鎌倉初期の歌人なので、田村麻呂伝説まで登場させると時代が食い違ってしまう。

とはいっても、当地方を代表する**古刹**であることは確かである。南朝年号が記された青森県内最古で最大の**鰐口**をはじめ、**本殿**内の一間建築型**厨子**や**舞楽面**9面、木造竜頭（装飾具）の4点は文化財級である。八戸工業大学の**高島成侑**教授（当時）の調査によると、厨子は黒塗り禅宗様で、16世紀後期の室町時代までさかのぼると推定している。確かに当時の釘が使用されており、**入母屋造り**の**斗栱**などの組み物も素晴らしい。

霊現堂は、八戸藩祈願寺の自在山豊山寺（真言宗の総録＝総元締め）の支配下で、「**巡見使**無事通過の祈禱」「姫の眼病平癒の祈禱」「亀之助様の**庖瘡**平癒の祈禱」など、『八戸藩日記』をはじめ多くの古文書に記載されている。また、霊現堂普請の際は藩が全額を負担したり、藩から石高10石を給されたりしていた。そして明治元（1868）年の**神仏分離令**の際、善徳院2代宥善は**復飾**（還俗）し、川村善内と名乗り、霊現堂は斗賀神社となった。

さて現在、観音像は社殿にはなく、川村家で所有している。神仏分離令の際、ひそかに自宅の母屋に隠していたことから難を逃れたものの、頭上の**化仏**や装飾品などが欠損してし

貴種流離譚が残る斗賀神社。本殿の大型厨子は室町時代の作

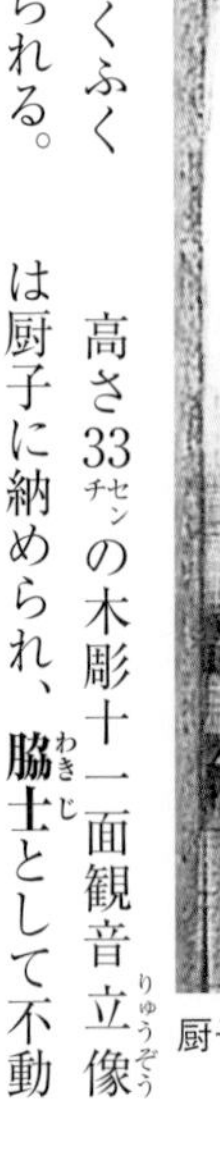

厨子に納められた十一面観音立像（中央）と、脇士の不動明王立像（右）、毘沙門天立像＝平成 2（1990）年撮影

まった。それでも半眼の優しくふくよかな**面相**からは気品が感じられる。

高さ33チセンの木彫十一面観音立像は厨子に納められ、**脇士**として不動明王立像と**毘沙門天**立像を配置している。これらの配置は、霊現堂が真言**密教**の霊場であったことを裏付けているといえよう。

かつては霊現堂観音を夢に見て、遠くから参拝に来る人もいたという。また、十和田湖の主となった**南祖坊**は霊現堂で生まれ、社殿裏手の山林にある御手洗の池で産湯に漬

南部広信が寄進した釣り鐘。撞鐘堂は昭和 51（1976）年竣工

かったという伝説まで残っている。

境内には則誉守西上人が「順礼次第記」（寛保3＝1743＝年）で紹介している4代八戸藩主・南部広信が享保4（1719）年に寄進した**釣り鐘**が撞鐘堂に掛けられている。釣り鐘には「江戸神田住　今井信濃守勝長」と**鋳物師**の銘もあり、斗賀神社のシンボル的存在である。

南北朝時代の刻銘がある鰐口＝平成2(1990)年撮影

南朝年号の鰐口

鰐口とは、お堂正面の軒先につり下げられた仏具の一種のこと。鰐の口に似た形をしており、打つことで災厄を退けるという。

霊現堂の鰐口は直径43・3センチで、「正平廿一年三月三日」「大旦那大信朋尊」と南北朝時代の刻銘がある。正平21（1366）年は南朝年号であることから、霊現堂は南朝勢力により開創され、**根城南部氏**の庇護を受けていたと推測される。従って、霊現堂の開創はそれ以前ということになる。北朝では貞治5年に当たり、南朝年号を持つ遺物が少ない青森県にとって貴重な資料といえる。

また、銘文の「朋尊」については、**長慶天皇**の弟・明尊と比定されている。二十二番札所の恵光院長谷観音堂（南部町）の『恵光院縁起』に「当山蓮台山恵光院者権大僧都明尊大和尚開基」と記されていることから、恵光院との関係も指摘されている。

なお、鰐口を打つ回数は、神社は2回で陰陽を、寺院は3回で仏法僧を表しているという。

霊現堂観音（斗賀神社）

【本　尊】 十一面観音（**秘仏**）
【所在地】 南部町斗賀上平7
【御縁日】 9月17、18日（例大祭）
【御朱印】 神社向かいの家屋で所有（クロネコヤマトの幟が目印）
【その他】 駐車場あり、石段なし、トイレあり

十七番札所

相内
相内（あいない）観音堂

南部町

相内地区の干し菊作り＝昭和41（1966）年11月3日撮影（野坂千之助氏提供）

菊の里に鎮座 伝説の霊場

南部町相内地区は、かつて10月ともなれば、村全体が黄金の絨毯（じゅうたん）を敷いたように見えたというほど菊作りが盛んな地域であった。この菊は食用で、特に「阿房宮（あぼうきゅう）」と呼ばれる品種は豊かな風味を持ち、花弁を蒸して乾燥させたものが出荷される。その菊の里、相内集落入り口に観音堂が鎮座している。以前、観音堂隣の駐車場は、食用菊を干すための共同作業場であった。

地域に残る言い伝えによると、源頼朝が文治5（1185）年に平泉（岩手県）の藤原泰衡（やすひら）を討伐した際、戦功を立てた甲斐国（山梨県）南部の南部光行へ恩賞として糠部支配を任せたという。そこで光行は、恩賞地の糠部へ赴くために建久2（1191）年10月、鎌倉（神奈川県）の由比ケ浜から6艘（そう）の船に家臣73人を乗せて出発。12月28日、八戸浦に到着したが、人家がなかったため、馬淵川をさかのぼり、相内観音堂で年を越したという。この観音堂は「光行の新領地入部第一歩の地」ということになる。

相内の村人は光行を歓迎し、近くの豪農・助右衛門の家を仮宿とし、村総出で堀を掘って館を築いた。これが観音堂から100㍍（メートル）ほど西にある相内館（花見ケ館）で、「一夜堀館（いちやぼりだて）」とも呼ばれている（『邦内郷村志』

御詠歌

何事もいまは　あいない観世音（かんぜおん）
二世安らくと　たれも祈らん

明和～寛政年間＝1764～1801年)。また、年末だったことから元日を1日遅らせて暦を修正した「**南部の私大**(わたくしだい)」とか、祝舞として**えんぶり**を披露したとか、民俗的風習の黎明(れいめい)地でもある。

観音堂には、元禄16(1703)年銘の「相内村観音堂由来」と記された**棟札**が保存されており、その書き出しは光行の糠部下向についてつづられている。

棟札によると、村の老婆が麻糸を使い自らの手で作り上げた「糸筈(いとはず)の観音像」を毎日礼拝していた。ある日のこと、旅の僧侶が来村し、老婆の願いにより奉持していた聖(しょう)観音像を授けて村を去った。そして永享9(1437)年6月、観施(かんせ)上人が3間四方の正往山(しょうおうざん)円通寺として再建した。江戸時代となり、元禄16年12月、4代盛岡藩主・南部行信(ゆきのぶ)から建立許可を得、**聖徳太子**御作(みさく)の聖観

南部光行の糠部下向伝説が残る相内観音堂

音像を奉安したという。

また『御領分社堂』（宝暦年間＝1751〜64年）には、宝永4（1707）年に5石を藩から給与されたことが記されている。

その他、明和元（1764）年、安永6（1777）年、享和2（1802）年の再建棟札も保管されている。

『新撰陸奥国誌』（明治9＝1876＝年）には「像は烏有して形ばかりの堂のみ」とあり、いつの頃か聖徳太子御作の聖観音像は不明となってしまった。『南部町誌』（平成7＝1995＝年）では「観音像が盗難に遭い市浦村（五所川原

現在、安置されている聖観音立像＝平成5(1993)年撮影

境内入り口には案内板や解説板が立つ

市）相内に移された」と記しているが、ここには十三湊の春日内観音堂がある。この観音堂は「津軽三十三札所」の十七番札所となっており、偶然にも番付が同じだ。

現在、安置されているのは**内御堂**の中の**厨子**に納められた高さ75センチの木彫聖観音立像である。全体に金箔が施され、左手に**蓮華**を持ち、伏し目がちで細身の身体をひねっているところが特徴的である。**玉眼**入りの端正な姿から江戸後期の京**仏師**の作と思われる。**光背**や**台座**もあったようだが、残念ながら今はなく、右足も欠損している。

相内観音堂は南部光行下向から始まり、聖徳太子御作の観音像まで登場するなどロマンと伝説に満ちた霊場である。露盤（屋根の上部）には南部家の家紋「向鶴」も刻まれている。

南部光行と糠部下向

南部光行が糠部へ下向し、最初に宿泊したのが相内観音堂という伝説であるが、「全て創作である」と近年指摘されている。

鎌倉時代の幕府正式記録『吾妻鏡』によると、光行が幕府の御家人だったということは確かであるが、奥州藤原討伐の結果、糠部を賜ったという記述はどこにもない。京都の六条八幡宮の造営の際に、全国の御家人から徴収した造営料を記す『六条八幡宮造営注文写』建治元（1275）年6月27日条には、「甲斐国　南部三郎入道跡」とあるが、陸奥国では南部氏の名前はない。この時点で南部氏は糠部に所領がなかったことになる。

鎌倉時代に糠部を支配していたのは幕府執権・北条氏であり、その代官が当地に入っていた工藤、安藤、横溝氏などの一族である。そして鎌倉幕府滅亡後、**南部師行**が**北畠顕家**の奥州下向に際して先に奥州に入り、八戸**根城**を本拠地として一族は活動していく。光行伝承は、南部一族を統率するため、盛岡藩が主家としての系譜を創作したものと思われる。

相内観音堂

【本　尊】聖観音（**秘仏**）
【所在地】南部町相内下在所35−1
【御縁日】8月17日
【御朱印】清光寺（南部町相内沢構77）で所有
【その他】駐車場あり、石段なし、トイレなし

十八番札所

作和 外手洗観音堂

南部町

御詠歌

名久井なる　そでや洗のかんぜおん
三重五しょうは　内に残らじ

名久井年行事　来光院が祈禱

近年、御朱印集めや巡礼ブームで多くの人々が外手洗観音堂を訪れるものの、初めての人にとっては山あいの集落に鎮座する同観音堂を見つけるのは難しい。

観音堂は、南部町鳥舌内地区の作和集落北方のリンゴ園にポツンと立っている。小公園に隣接した境内には、1本の根から3本に分かれた大杉、通称「三本杉」がそびえ、この霊場のシンボル的な存在である。その他、カツラ、松、トチの木なども茂り、いかにも霊場らしい雰囲気を漂わせている。

鳥居をくぐると間口2間、奥行き3間の**宝形造り**の観音堂が鎮座する。**内陣**には、耐火金庫の中の**厨子**に納められた高さ8㌢の木彫千手千眼十一面観音座像が**本尊**として祀られている。管理者の中村家は観音堂からかなり離れた麓の作和集落にあるため、万一の災害のことを考えて耐火金庫にしたのだという。

唐草文様の火焔**光背**や装飾品は全て金属で作られている。だいぶ傷んでおり、真手は合掌**印**、**後手**のほとんどが欠損している。**宝冠**も失われ、頭上にある十一面の**化仏**があらわになっている。**面相**は、ふくよかで口元がつつましく、女性的な艶麗さを持つ。

結跏趺坐をした**台座**の前面に**毘沙門天**像が**お前立ち**として安置されており、この仏像の配置は**密教**的色彩が濃い。甲冑姿で、右手で鉾を振り上げ、足元は邪鬼を踏んでいるが、こちらも欠損部分が多い。

だいぶ受難があったようで、明治元（1868）年の**神仏分離**令の際、ここ鳥舌内地区でも**廃仏毀釈**の嵐が吹き荒れたことが分かる。このとき焼かれそうになった観音像を十九番札所の法光寺（南部町）に移した

が、その後、外手洗観音堂は破却されたという。ところが、お堂のない跡地に巡礼者が参拝に来るため、大正14（1925）年に観音堂を再建している。

法光寺から観音像が帰ってきたのは昭和49（1974）年3月のこと。鳥谷（とや）小学校校長も務めた郷土史家・**金子善兵衛**氏が観音像を元に戻すよう働き掛けたこともあって、観音堂責任役員の西塚豊蔵氏が世話役となり、移安がかなった。現在の観音堂は昭和54（1979）年11月建立である。

ただし、もともとの本尊は准胝（じゅんてい）観音であった。文政6（1823）年と天保11（1840）年の**棟札**が残っており、どちらにも「外洗 准（じゅん）胝観世音菩薩（ていかんぜおんぼさつ）」と記されている。准胝観音とは、除災、延命、除病の御利益をはじめ、特に子授けの力があるといわれる真言宗系六観音の一

リンゴ園の中に鎮座する外手洗観音堂

つ。この2枚の棟札は共に観音堂修復の際、当時の八戸藩主の武運長久を祈り、三瀧山来光院が導師として祈禱した。俗別当（代表世話役）は中村家の祖先の平四良で、村のまとめ役として観音堂の管理に当たった。

女性的な艶麗さを持つ千手千眼十一面観音座像

また、来光院とは名久井村の**年行事**（山伏）のことで、宝暦年間（1751〜64年）の書上によると、名久井をはじめ10カ村を**霞**（祈禱エリア）としていた。天保10（1839）年9月の書上では、来光院は八戸藩**修験者**（山伏）の総録（総元締め）・**常泉院**の支配下にあり、表口30間、裏行19間という大きな屋敷に住んでいた。

かつては**御縁日**を旧暦12月17日に定め、信者たちが観音像を拝んだ後、中村家で酒宴を催してコミュニケーションを深める日としていた。平成15（2003）年に筆者が祈禱を依頼されたときには祭典終了後、100人ほどが公民館に集まって直会を催し、それは盛大であった。だが、現在は御縁日を催せずにいる。代替わりと少子高齢化が顕著な地域であり、今後、管理について大きな問題になりそうだ。

里程が詳細に刻まれた追分石(右)。昭和57(1982)年に刻字を写して新たな追分石も隣に建立された

来光塚には円墳墓が6基設けられている

来光院と来光塚

名久井村の年行事・来光院の墓所である来光塚は、外手洗観音堂から約1・5キロ西方にあり、現在、直径5メートルほどの円墳墓が6基築造され、供養碑や石地蔵が立っている。歴代の来光院はこの来光塚隣に居住していたが、明治5(1872)年の**修験道廃止**に伴い、一家を挙げて北海道へ転居したと伝えられている。

付近には来光院が修行や祈禱をする際、水を浴びて清めるために座ったという禊石(みそぎいし)がある。その他、来光塚向かいの三差路には、来光院が水上から水沢と野瀬へ向かう分岐点に立てた**追分石**が残っている。これはただの追分石とは違い、里程までも詳細に銘記されているところに特徴がある。寛保2(1742)年に建立されていることから、翌年に巡礼した則誉守西(そくよしゅさい)上人一行は、この追分石を目にしたと思われる。

郷土史家・金子善兵衛氏は、外手洗の「外手」とは「戸外(そで)」で「山の嶺の向こう」のこと、「洗」とは「新居」で新しい家のこととし、「(来光院屋敷跡から見て)山の向こう側に観音堂が位置し、祈禱を行った所」という意味だと論じている。

外手洗観音堂

【本　尊】 千手観音
【所在地】 南部町鳥舌内外洗1
【御縁日】 なし
【御朱印】 観音堂に設置
【その他】 駐車場あり(隣接する公園内)、石段なし、トイレあり

十九番札所

名久井 法光寺観音堂

南部町

御詠歌
ふだらくは外所にはあらじ白花（華）山
松吹く御法に入りあ（相）への鐘

北条時頼回国伝説残す古刹

名久井岳東側中腹に鎮座する曹洞宗・白華山法光寺。白華山とは観音菩薩が住む世界「**補陀落迦山**」が転訛した言葉と考えられ、**北条時頼**の回国伝説が残る**古刹**である。

その伝説を宝永3（1706）年に13世峰山光雪和尚が『白華山法光禅寺諸来歴記』として書き記している。要約すると次の通り。

鎌倉時代、弘安年間（1278～88年）の頃のこと。鎌倉幕府5代執権・北条時頼（最明寺入道）が、わざと身をやつして当地方を旅した際、美しく輝く霊峰名久井岳を見て、この山奥まで登った。帰路の途中、夜も更けてきたため、中腹の寺、真言宗・無量山観音寺に一晩の宿を頼んだが、住職の佳竺法院は、その身なりを卑しみ、門を固く閉ざしてこれを拒んだ。むげに断られた時頼は、やむなく山奥の別の**庵寺**、夢想軒に宿を求めた。その庵主の玉峰捐城和尚は、有り合わせの品で温かいもてなしをしてくれた。時頼は、その人柄に深く感激し、翌朝、扇子の表に名久井岳から見渡せる千石を与えるという証明と、裏に和歌を1首したためて下山した。その途中、ばったり捐城和尚と出会う。和尚は「恥ずかしながら朝餉の飯がなかったので、あなたさまの目が覚めぬうちに托鉢に出ておりました。どうぞ庵寺で朝餉を…」と勧めた。時頼は、その言葉に再び感激しながらも別れを告げた。

現在、その場所を「出逢坂」と称し、2人の様子を表現した石像が昭和37（1962）年に建てられ、伝説を今に伝えている。

時頼が鎌倉（神奈川県）に帰った翌年のこと。普請奉行2人が使者として遣わされてきた。そして宿を断った観音寺を廃寺とし、夢想軒をその跡地に遷して七堂**伽藍**を建て、白華山法光寺としたという。

さらに、後日談であるが、観音寺の佳竺法院は逆さ生き埋めの刑に処せられる。佳竺法院は、いまわの際に「我、呪いにより、三度（みたび）、寺を焼きつくせん」と言い残したというが、その後、寺は3度焼けている。3度目が明治11（1878）年のことで、このとき、時頼の扇子をはじめとす

「出逢坂」に立つ北条時頼（右）と玉峰捐城和尚の石像

承陽塔隣にひっそりと鎮座する法光寺観音堂

「下し千手」とも呼ばれる千手千眼十一面観音立像

る数々の寺宝を焼失してしまったとのことである。現在、出逢坂から法光寺に向かう坂の途中の右手に「御坊塚」が築かれており、佳竺法院を供養している。

このような回国伝説は各地に残っており、「いざ、鎌倉!」の精神を題材とした佐野源左衛門常世の謡曲「鉢の木」を基にしている。時頼は**出家**した後、諸国遍歴により庶民の実態を知り、それを政治に反映させようとしたのである。文献史学上、このことは仏教文化の栄える当地方に北条氏の**得宗領**があったことを示している。

さて、法光寺観音堂は本堂裏の遠州流庭園の高台にある。元和年間(1615~24年)に初代盛岡藩主・南部利直が**守護仏**にしたいとのことで、観音像を江戸屋敷に持参した。**厨子**の扉を開いてみると、欠損荒廃が激しく、再び法光寺へ差し戻されたという。以来、「下し千手」と呼ばれるようになった。

高さ35センチの木彫千手千眼十一面観音立像は、端正で若々しく、中央**仏師**による洗練された雰囲気がある。頭上には10個の**化仏**もあり、輪**光背**を背負い、全体に金箔が施されている。

本堂には、明治18(1885)年、則誉守西上人の糠部巡礼を基に三戸の俳諧師・松尾頂水が奉納した「御詠歌番付**扁額**」が掲げられている。また、観音堂隣には国内最大級の高さ33メートルもある承陽塔(国登録文化財の三重塔）もそびえ、**道元**禅師の霊骨を祀（まつ）っている。参道松並木（千本松、青森県指定天然記念物）や爺杉（じいすぎ）（同記念物）も素晴らしい。さらに明治の名僧**西有穆山**（にしありぼくざん）禅師ゆかりの寺だったり、34カ寺も**末寺**・孫寺を持っていたりして、法光寺は糠部地方の信仰の拠点といえよう。

【メモ】
拝観期間は4月下旬～11月上旬、拝観時間は午前9時～午後4時、拝観料は大人300円、中学生以下100円（20人以上の団体2割引）

高さ33メートルの承陽塔

松尾頂水の御詠歌番付扁額

松尾頂水（通称十蔵、明治27＝1894＝年没、81歳）が奉納した「御詠歌番付扁額」の札所は則誉守西上人とほぼ同じであるが、大きな違いは現在の八戸市内の札所の番付と御詠歌の内容である。大きさは縦56・5センチ、横195センチ。それぞれの札所の御詠歌を作詠した後、文末に感動した心を俳諧の発句として詠み、御詠歌を文学的価値の高いものにしている。頂水は同様の扁額を「糠部三十三札所」札納めの天台寺（二戸市）にも納めている。

頂水は幕末～明治を代表する俳諧師で、「皎々舎（こうこうしゃ）頂水」の俳号を持っていた。五戸出身で、盛岡藩五戸代官所・宿老役、各村肝入（きもいり）役を務めており、維新後は、三戸松十（まつじゅう）旅館の松尾家へ入り、後を継いでいる。

妻のマサを八戸の特権商人・七崎屋（ならさきや）から迎えており、マサの父親が俳諧師として名高い**三峰館寛兆**（さんぽうかんかんちょう）であることから、その影響があったものと推測される。三戸大神宮の「明治天皇御巡幸大絵馬」（明治14＝1881＝年）は頂水が奉納した逸品。

法光寺観音堂

【本　尊】千手観音
【所在地】南部町法光寺法光寺20
【御縁日】8月27、28日（承陽講）
※法光寺三大士（観音・龍神・稲荷）法要を執行
【御朱印】法光寺で所有
【その他】駐車場あり、石段あり、トイレあり　※急坂

二十番札所

鳥谷 矢立観音堂

南部町

御詠歌
とやかくと恵み矢立の観世音
導き給へ　知るも知らぬも

江戸仏師による童子風観音

南部町の鳥谷集落の西南、「二戸市民の森」に至る峠の麓に矢立観音堂が鎮座している。ここは上條家の敷地であったが、上條家は集落外に居を構えたため、大鳥谷部落会で管理している。

大正の頃まで、観音堂は約3・6キロ離れた矢立山山頂付近に鎮座していた。矢立峠は、かつて金田一（二戸市）へ抜ける近道として利用されていた旧道で、多くの人々の生活道であった。また、近くには金田一の湯田温泉郷もあり、旅人や湯治客が、この矢立山の観音堂で一休みしたという。ところが、中には博打をする者などがいて、観音堂がよからぬ者たちのたまり場となってしまうことも多かった。そこで、矢立山の山頭であった上條家が自宅の裏山に遷座させ、今日に至っている。

矢立山の旧観音堂跡

現在、矢立山の旧観音堂跡は木々に覆われ、往時の繁栄ぶりをしのぶよすがは失われている。寛保3（1743）年に則誉守西上人が参拝した際、「順礼次第記」に、この観音堂を「金花山清水寺(きよみずでら)ト云」、さらに「鳥居ニ七観音額有リ」と書き残している。鳥居の**扁額**(へんがく)に記されていたのは、当地方で流行した「長谷(はせ)七観音詣(まい)り」というミニ巡礼のことである。

現在の観音堂は、老朽化した茅葺(かやぶ)き屋根のお堂を、管理者で大工でも

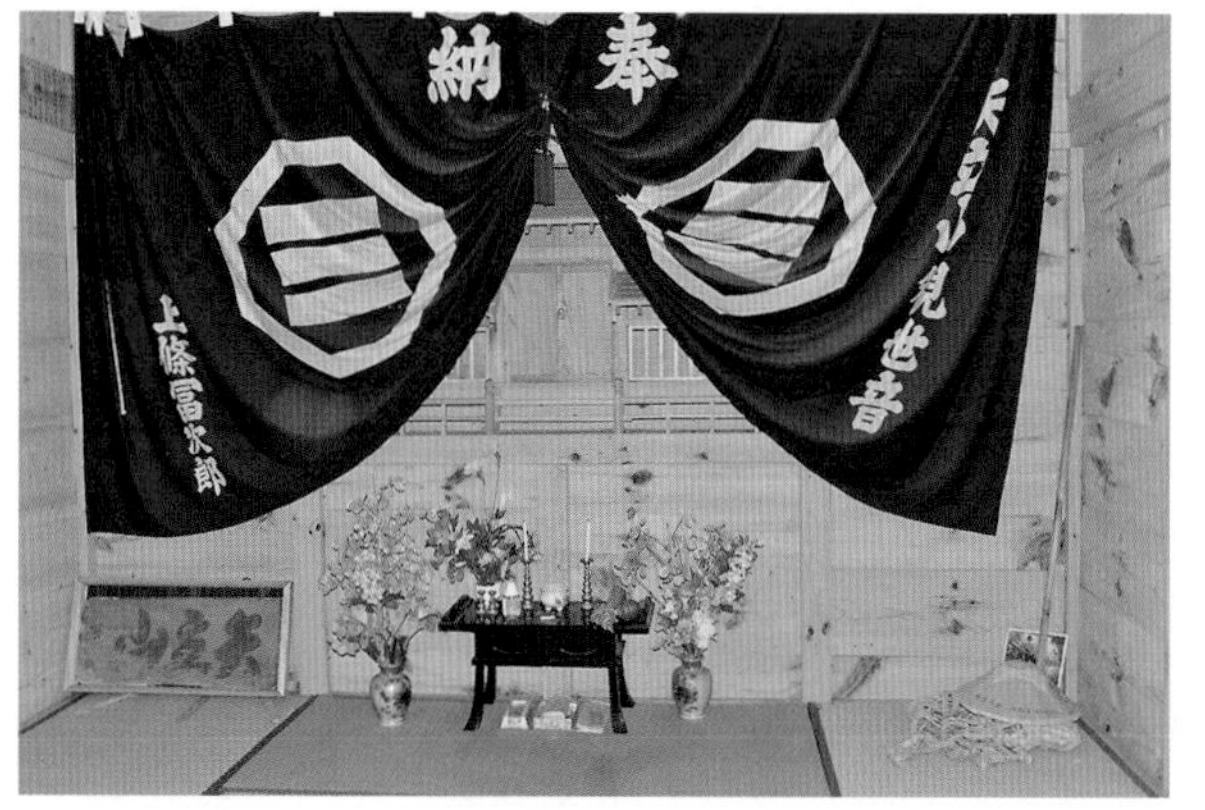

現在の観音堂の内陣。逸見興道揮毫の扁額(左下)も保管されている

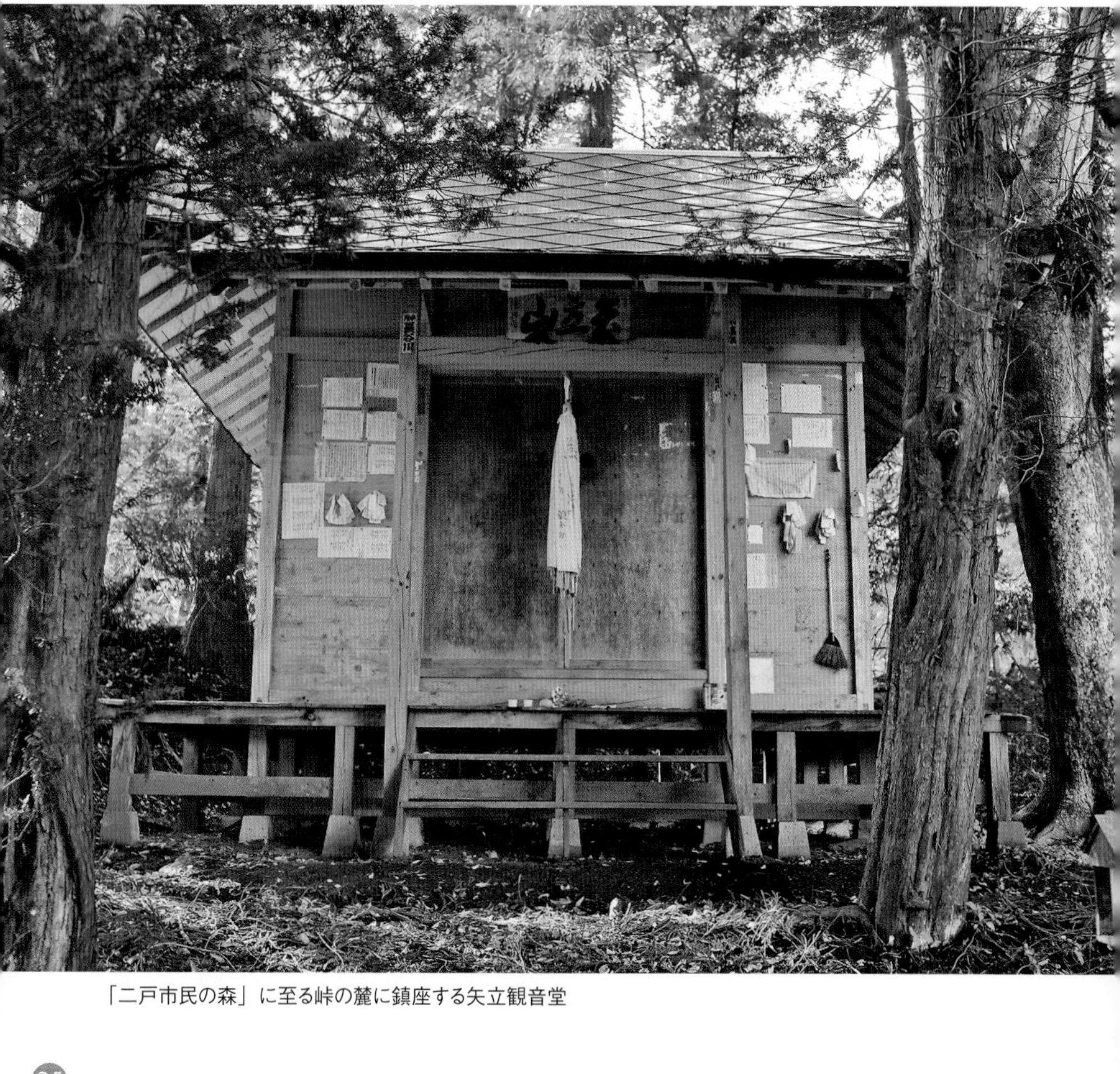
「二戸市民の森」に至る峠の麓に鎮座する矢立観音堂

あった上條勲氏が昭和55（1980）年7月に自らの手で修復再建した。

2間四方の真っ赤なトタン屋根で、堂内には逸見興道（おきみち）が「矢立山　源興道」と揮毫（きごう）した古い扁額が保管されている。この扁額は旧観音堂から移した社宝である。逸見家は八戸藩主・南部家の一族であり、家老職も務めた格式高い家柄であった。興道が鳥谷小学校へ奉職した際、明治15（1882）年に扁額を納めた。

接待治恭が奉納した十一面観音立像＝平成2（1990）年撮影

現在の観音堂の**内陣**は全面が祭壇で、その中央が**内御堂**（うちみどう）になっており、**本尊**は**秘仏**である。平成2（1990）年に『名川町誌』編さんの際、特別に調査させていただいた。内御堂の中には、弘化2（1845）年から明治11（1878）年までの間、接待治恭（せったいはるゆき）が管理をしていたということを記す『矢立観音縁起』が納められている。

厨子（ずし）の扉を開くと、像と共に一面金箔（きんぱく）が施され、向かって右扉裏面に稲葉家の家紋（隅切角（すみきりかく）に三の字）と「奥州三戸郡鳥屋（谷）村　矢立山十一面観世音（かんぜおん）」の銘文、左扉裏面に接待家の家紋（菱の内菱九曜）と「弘化二乙巳年七月吉日　接待孫八郎源治恭　寄附」の銘文が墨書きされている。そして厨子の背面には「江戸飯倉（麻布）大佛師　山田幾蔵」と刻まれている。稲葉家から接待家へ養子に入った治恭が、弘化2年に江戸の**仏師**・山田幾蔵に依頼して奉納したのである。

本尊は、右手が与願**印**、左手に**水瓶**（すいびょう）を持った高さ8センチの木彫十一面観音立像。丸顔の豊かな頬、切れ長のつり上がった目、引き締まった赤い唇。そして、童子風でありながらも均整の取れた体軀をし、雲文舟形**光背**をかざしている。

現在、弘化以前の旧観音像は、矢立山の持ち主であった稲葉家の子孫（八戸市在住）が所有している。高さ22・5㌢の一**木造**聖観音立像で、合掌をしてすっくと立った姿が特徴的。先祖代々、神棚に祀ってきた。

観音堂には、**源義経**が立ち寄ったという言い伝えも残る。義経が通し矢を放った場所が「矢放」、矢が通過した場所が「鳥谷（通り矢）」、矢が突き立った場所が「矢立」だという。さらに元の観音像は義経の作といわれるが、全く根拠がない。青森県と岩手県の県境にある山村の判官びいきによる伝説である。

長谷七観音詣り

鳥居の扁額に記されていたというミニ巡礼「長谷七観音詣り」は、一番札所・恵光院長谷観音堂（南部町）、二番札所・野瀬観音堂（三戸町）、三番札所・観音林観音堂（軽米町）、四番札所・矢立観音堂（南部町）、五番札所・外手洗観音堂（同）、六番札所・法光寺観音堂（同）、七番札所・相内観音堂（同）と定められている。一番札所が長谷観音堂から始まるので、このように呼ばれている。

天台宗山門派開祖の**慈覚大師（円仁）**が1本の大カツラから制作した観音像7体を1日で巡拝すると御利益があるといい、このような七観音詣りの伝説は各地に存在する。

近くでは「二戸七観音詣り」もあるが、長谷も二戸も各札所の観音像は制作者、制作年代ともにそれぞれ違っている。あくまでも高い格式を伝えるための伝承で、信ぴょう性はない。

残念ながら、則誉守西上人が見たという「長谷七観音詣り」を記した扁額の所在は不明である。

矢立観音堂

【本　尊】 十一面観音（**秘仏**）
【所在地】 南部町鳥谷上条11
【御縁日】 なし
【御朱印】 境内に朱印箱を設置
【その他】 駐車場あり（小）、石段なし、トイレなし　※緩い坂

二十一番札所

梅内　野瀬(のせ)観音堂

三戸町

野瀬観音堂へ向かう途中の山道からは三戸城下を一望できる。正面が三戸城址

花札に覆われたカルタ堂

　南部町から広域農道を三戸町梅内の三戸望郷大橋へ向かい、手前の細い山道を2・5キロほど上っていくと、標高262メートルの山中に野瀬観音堂が鎮座している。ここは梅内集落の東側で、**名久井岳**中腹に位置している。木々の間から三戸城下を一望できることから、かつては三戸城の防衛、交通の要衝として関守(もり)、堂守が配備されていた。

　観音堂は現在、どの寺院にも属していないが、山深い場所にたたずむことから、山岳信仰の道場だったと思われる。この地には古くから満福寺が鎮座し、参道入り口には「金華山」の額を掲げた寺門が立っているにもかかわらず鳥居もあり、**神仏習合**の跡が今なお残っている。

　享和3（1803）年の『仮名付帳』に、野瀬集落は「家数一軒」とある。今日でも工藤家1軒のみで、代々工藤家が観音堂を守ってきた。以前、民放のテレビ番組「ポツンと一軒家」で取り上げられたほどだ。

　初代盛岡藩主・南部利直の信仰厚く、観音堂で所蔵する明和元（1764）年の**棟札**には「当社者(は)元和三年　先主信濃守利直公之草創也」と由緒書きも添えられている。元和3（1617）年に工藤家は35石2斗5升を賜り、「カギカケ」役を仰せつかり、5石3斗は観音堂管理分と

御詠歌

伝(え)てもきく　野瀬の満寺や金花山
いつもたいせず松風ぞ吹く

して租免されたという書付があったが、焼失してしまった。カギカケとは当時、九戸、八戸、三戸を結ぶこの地で、通行人を取り調べる役をい い、工藤家は堂守の他、関守のカギカケ役も仰せつかっていた。『御領分社堂』（宝暦年間＝1751～64年）には「正観音　別当倉之助」とあり、則誉守西上人の「順礼次第記」（寛保3＝1743＝年）には「堂舎五間四方　新敷普請世ニカルタ堂ト云…　開基等ハ語ラザレバ聞カズ別当次五右衛門ト云」と記されている。別当（管理者）の倉之助や次五右衛門は工藤家の祖先である。

野瀬観音堂は「カルタ（刈田）堂」とも呼ばれ、**本尊**の観音菩薩は無数の黒い花札が貼り詰められた**厨子**に納められている。本来60年に1度**ご開帳**する**秘仏**であったが、昭和25（1950）年から20年ごとに変更され、さらに信者の拝観に配慮して同55

古くから山岳信仰の道場だったと思われる野瀬観音堂

（1980）年より10年に1度となった。前回のご開帳は平成22（2010）年8月19日であった。

本尊は直径約20チセンの**懸け仏**形態で、円鏡に聖観音の御影を鋳成した鉄製の尊体である。厨子の扉を開けると浄華が置かれ、その奥の屋根付き木箱に円鏡が祀られている。円鏡の中央には**蓮華座**（蓮台）の上に立つ観音菩薩があしらわれ、放射文様の舟形**光背**を背負い、左手に**蓮華**を持ち、右手は施無畏**印**を念じている。**面相**や全体の像容は小さ過ぎてよく分からないが、同型の観音像を**お前立ち**として中央と左右に3体配置している。

『新撰陸奥国誌』（明治9＝1876＝年）では、当時の祭礼の様子について次のように記している。

「四方杉樹　天に参し常に日光を隠し、僅かに本堂と堂守工藤忠次が家居一宇あるのみ。然れども毎三月の十七日には祭式ありて　遠近蟻のごとく集まること夥く、又正月十六日の夜は老若　此に通夜し祈誓すれば眼病癒ると云。又五戸、七戸の在々より参詣する者は良馬を得とて信仰し甚し」と。祭壇には、木彫馬頭観音立像や郷土玩具「**八幡馬**」も祀られ、畜産関係者の信仰も厚い。また眼病や勝負事にも御利益があるという。

かつてほどではないが、今でも「**お籠もり**」の旧暦1月16、17両日には信者たちが集っている。

厨子には聖観音の懸け仏が納められている＝平成14(2002)年8月24日撮影

内陣には、仁王像のものと思われる木製の大足が片方だけ残っており、おそらく満福寺時代には**山門**（**仁王門**）を持った大寺院だったと推測される。カルタ堂に鎮まる観音菩薩は全国でもここ、野瀬観音堂だけであろう。

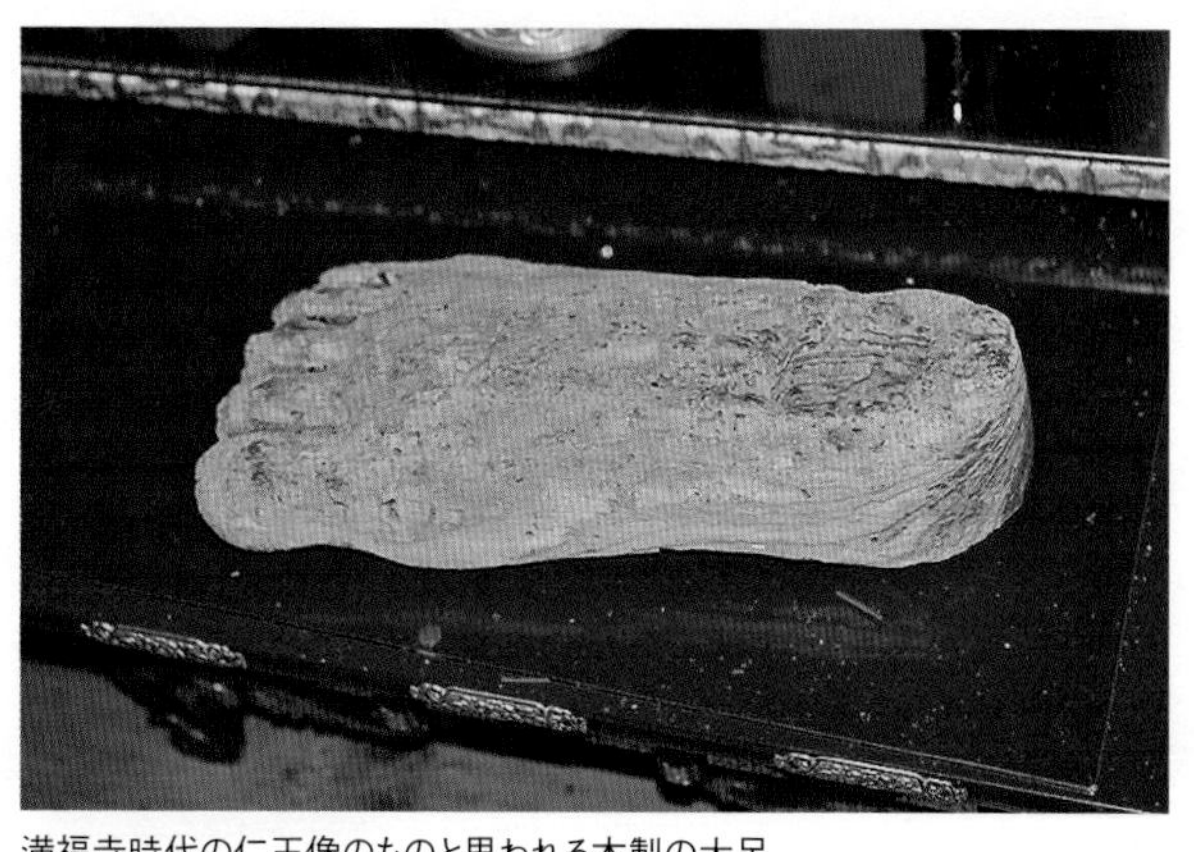
満福寺時代の仁王像のものと思われる木製の大足

カルタ堂

カギカケ役のお膝元である野瀬観音堂では、ご法度の博打（ばくち）が公然と行われていた。この観音堂だけは特別だったらしく、地元では「バクチ寺」とも呼ばれていた。巡礼者と博打の運は「同行二人（どうぎょうににん）」であり、旅の疲れを博打で癒やし、「南無観世音（かんぜおん）」と唱えれば、ツキも巡ってくるというのである。

内陣の厨子は幅40㌢、高さ70㌢ほどで、外側いっぱいに花札で覆われているだけではなく、屋根や扉の内側にもびっしりと貼られている。誰がこんなにも花札を貼ったものか不明であるが、よほど博打でにぎわっていたのであろう。花札が巡礼の**納札**（のうさつ）や千社札の役割を果たしたものと思われる。

この花札は「ウンスンカルタ」といって慶長の頃（16世紀末）にポルトガルから伝わった南蛮カルタの一種である。寛政の改革で禁止されてはいたものの、ここでは堂々と遊ばれていたことが特筆できる。賭け事に霊験あらたかな観音菩薩として崇拝されてきたのである。

野瀬観音堂

【本　尊】聖観音（**秘仏**）
【所在地】三戸町梅内野瀬58
【御縁日】旧暦1月16日（お籠もり）、17日
【御朱印】工藤家で所有
【その他】駐車場あり（小）、石段あり、トイレあり

二十二番札所

恵光院(けいこういん)

長谷(はせ)観音堂

南部町

「長谷ぼたん園」で有名な恵光院の本堂

平安末期に作仏　県内最古

東北一の規模を誇る「長谷ぼたん園」で有名な真言宗豊山(ぶざん)派の宝珠山(ほうじゅさん)恵光院。5月下旬～6月上旬には園内に130種、約8千本のボタンが咲き、青森県内外から多くの観光客が訪れ、にぎわう。

地元では恵光院を「長谷寺」とも呼ぶ。江戸初期に三戸南部氏の盛岡移城により、多くの寺社が遷(うつ)されるが、蓮台山(れんだいさん)長谷寺もその一つであった。その寺跡に長谷寺の**塔頭**(たっちゅう)（同じ敷地内の**末寺**）の恵光院が長谷領42石2斗を与えられてそのまま残り、別当として長谷観音堂を管理することになった。

御詠歌

南無帰命(きみょう)　はせの御寺(みてら)や蓮台(れんだい)の
山もちかいもふかき谷川

この長谷寺には**長慶天皇**潜幸(せんこう)伝説があり、長慶天皇抜きにしては歴史を語れない。

長慶天皇は大正15（1926）年、南北朝時代の南朝3代目として皇統譜に加えられた。ところが晩年の状況はほとんど分からず、いつ、どこで亡くなったのかも定かではない。その不確かさから、全国各地に潜幸伝説が生まれた。南朝勢力を挽回するため、弟の99代後亀山天皇に譲位し、南朝方の**根城南部氏**を頼ってひそかに東北地方へやって来たとも伝えられている。**修験者**（山伏）に身を替えた長慶天皇は、お供を連れ、笈(おい)（恵光院所蔵、青森県指定文化財）を背負って山を登り、長谷寺の場所に御所を構えたという。

平成15（2003）年ごろまでは、町から恵光院に至る上り坂の途中の「三戸老人ホーム」敷地に、長慶天皇が崩御された場所だという有末光塚があった。さらに、長慶天皇の弟の明尊（後の後亀山天皇）は、この地が大和国（奈良県）長谷寺の景観によく似ていたことから、建徳元（1370）年に「長谷寺」と称する寺院を開基したという。確かに南部町斗賀に鎮座する真言宗豊山派で十六番札所の霊現堂観音（斗賀神社）にも「大旦那大信朋尊（明尊）正平廿一年（南朝年号、1366年）」と陰刻された青森県内最古の**鰐口**が保存されている。明尊の来村説は信ぴょう性に欠けるが、後亀山天皇を開基として南朝勢力回復を狙ったとも考えられる。

その恵光院本堂の南西側に観音堂が鎮座している。そして観音堂より

恵光院本堂の南西側に鎮座する長谷観音堂

一段高い白壁に囲まれた**奥の院**（宝物殿）に**本尊**の十一面観音立像が安置されている。長慶天皇の姿を写して作仏された等身大の観音像だとの説もあるが、伝承に頼る部分が多いことから、昭和33（1958）年に青森県重宝の指定を受けた際、東京国立文化財研究所の久野健博士（当時）に鑑定を依頼した。すると、長慶天皇伝説よりもさらに古い平安末期に作仏された県内最古の仏像であると判明した。

高さ172・8センチのカヤ材**一木造**（一部ヒバ）で、**光背**や**台座**を失い、両手も欠損しているため、何を持っていたのか不明。ふくよかな輪郭の**面相**でありながら目はキリリとし、唇が少し飛び出ている。**鉈彫り**を特徴とした大づかみな彫法である。鉈彫りといっても、鉈ではなく丸鑿で彫ることをいい、全体的に美しく立派に見える。

青森県内最古の仏像で、鉈彫りの彫法が美しい十一面観音立像
＝平成13（2001）年撮影

平安末期ということは、南部氏が統治する以前のことで、陸奥の俘囚・安倍一族の時代である。その頃の観音信仰の遺作と考えれば、二戸市の天台寺文化圏の一端と推測される。これらを踏まえて仮説を立てれば、安倍氏が勧請した長谷寺を、

その後、入部した南部氏がそのまま受け継いだのではないだろうか。また、**名久井岳**の**ご神体**だったのかもしれない。観音像は**秘仏**で、毎年8月20日に**ご開帳**している。

長谷寺は永正9（1512）年の観光上人「糠部三十三札所」の**結願**所であり、「長谷七観音詣り」の**発心**の地でもある。観光上人の巡礼札には御詠歌が「入あいの　かねのひゝきも松風も　いづれをきくも　のりの御寺ぞ」と記されている（巡礼札は青森県内最古で県指定文化財）。

恵光院は多くの文化財を所蔵している一方で、信ぴょう性に欠ける説話もあるが、その説話には当時の人々の生き方、考え方が内在しており、歴史的に意義深い。

観光上人が納めた青森県内最古の巡礼札

長谷寺時代の文化財

恵光院では、十一面観音立像や長慶天皇が使用したという笈、観光上人巡礼札をはじめ、長谷寺時代の芸術性が高い文化財を数多く所蔵している。たとえば平成30（2018）年12月に十一面観音立像と同時期の制作としてカツラ材の女神座像（高さ35センチ）が青森県重宝に指定。境内の樹齢約500年の天狗杉（樹高約35メートル）は、樹梢の奇形が天狗の座所を想像させるとして県天然記念物に指定された。

また、南部町指定文化財として、**仏師**・奇峰学秀作の観音菩薩立像（高さ38センチ）や茶臼、僧形山神半跏像がある。ただし、僧形山神半跏像は、青森県史編さんグループの調査では**修験**道の開祖・役行者半跏像としている。

その他、三戸町の観福寺にある「王性覚天授弐年八月七日　仏子(師)幸慶」と墨書きされた十一面観音像も長谷寺から移安されたもので、これこそ長慶天皇のお顔に似せたものだともいわれている。

南部地方の郷土食「南部せんべい」も長慶天皇に由来しているとされ、謎とロマンに包まれた純朴な信仰を象徴しているといえよう。

長谷観音堂（恵光院）

【本　尊】十一面観音（**秘仏**）
【所在地】南部町大向長谷94—6
【御縁日】8月20日（ご開帳）
【御朱印】恵光院で所有
【その他】駐車場あり、石段なし、トイレあり　※緩い坂

二十三番札所

門前 早稲田観音堂

南部町

旧本尊は田んぼから出現

八戸方面から南部町へ向かい国道4号の門前交差点信号から斜め右に小道を進んでいくと、門前集落が開けている。集落の南側は馬淵川が流れ、旧三戸街道との接点として、かつては川舟と人馬が行き交う水陸交通の要衝となっていた。1キロほど西方には国指定史跡・聖寿寺館（三戸御本城、三戸御館）の館跡があり、川湊として集落が形成されたものと考えられる。

集落内の上小路、中小路、下小路の三つの小路が交わる高台に早稲田観音堂が鎮座している。黒塗りの**冠木門**が立つ境内に隣接して門前町内会館（元沖田面保育所）があり、最近まで園児たちの歓声がこだましていた。また、境内には則誉守西上人巡礼の際、「**拝み所**」として定めた旧**村社**の新羅神社が荘厳なたたずまいを見せている。2階部分には南部氏の「向鶴」の家紋があしらわれ、寛永19（1642）年の南部重直銘の棟札を所蔵する。

観音堂の裏山には墓地が広がり、前方には霊峰**名久井岳**が雄大にそびえ、聖地としての景観は昔も今も変わりはない。

早稲田観音堂について、『邦内郷村志』（明和〜寛政年間＝1764〜1801年）では「嶺松院　盛岡永福寺旧地　真言宗同寺末寺也」と記されている。もともと**伽藍**を構えていた永福寺が盛岡に遷り、観音堂と新羅神社を管理するために永福寺

早稲田観音堂と隣接し、荘厳なたたずまいを見せる新羅神社

御詠歌

和瀬田（早稲田）なる神変不思議者観世音

導き玉えや知るも知らぬも

の**塔頭**（同じ敷地内の**末寺**）であった嶺松院がこの地に残った。『盛岡砂子』（天保4＝1833＝年）には、嶺松院は5石を与えられていたと記されている。一方、盛岡の永福寺は盛岡南部藩**寺領**800石の祈願所として「盛岡五山」筆頭に位置付けられていく。嶺松院は**神仏分離**令により明治2（1869）年に廃寺となった。

観音堂に保存されている万治2（1659）年の**棟札**には、寛永17（1640）年3月に**門前**のたき火が飛び火して焼失したため、宥鏡法印の代に再興し、**本尊**も修復したと記されている。このときの**肘木**には「早稲田観音堂　南部二十九代（実際は28代）山城守重直公代　永福寺住持宥鏡再興」とある。

宥鏡法印は、奈良の長谷寺の尊鏡法印の弟子といわれ、長谷寺から永福寺40世として盛岡に派遣され

永福寺が盛岡に遷った後、嶺松院が管理した早稲田観音堂

立派な二重輪光背を背負う十一面観音座像

たのだという。慶安4（1651）年に3代将軍徳川家光供養のため日光東照宮で読経したり、翌年、盛岡城の時鐘（**釣り鐘**）を鋳造する際、銘文を選んだりしている。また、万治元（1658）年の天台寺観音堂（二戸市）の棟札にも名前が登場するなど、名僧として活躍した。この他にも多くの古い棟札が残っている。

本尊は、立派な**内御堂**に納められた高さ約130㌢の木彫十一面観音座像（南部町指定文化財）。左手に**蓮華**を持ち、右手は与願**印**。像高は43㌢で、彫りが深くはっきりした面立ちで、頭上の**化仏**に欠損が多い。**台座**の敷茄子には獅子が彫刻され、**蓮華座**（蓮台）の上に**結跏趺坐**の姿。背後には立派な二重輪**光背**を背負っている。棟札に記された万治2年より前の作と思われ、**胎内**に旧本尊の黄金観音仏が納められていたという伝承もある。

『御領分社堂』（宝暦年間＝1751～64年）には「本尊ハ沖田面早稲田ト申所より湧出給本尊也」と記されている。沖田面から出現した観音菩薩に南部利直が帰依し、永福寺に祀ったというのである。その手掛かりとして、観音堂から東へ500㍍ほどの南部町民体育館裏手に「早稲田観世音出現之地」碑（昭和27＝1952＝年3月17日建立）が立っている。『新撰陸奥国誌』（明治9＝1876＝年）にも「田畝の内より出

南部町民体育館裏手に立つ「早稲田観世音出現之地」碑

たりし金像なり」とある。

『南部町誌』編さん事業で早稲田観音堂を調査した際、観音像の胎内も確認したが、旧本尊の黄金観音仏は納められていなかった。だが、裏山の墓地には永福寺30世恵海上人の五輪塔（町指定文化財）もたたずみ、早稲田観音堂は数多くの故事来歴を残す霊場といえよう。

早稲田観音出現伝説

伝説によると、鎌倉時代の終わりごろのこと、現在の南部町民体育館裏手の田んぼの中から、夜になると金色の光が射し、なにやらざわめきがする。村人たちが不思議に思い、その場所へ行ってみたが、闇に包まれてひっそりとしている。そのような怪奇現象が毎晩続いたので、村人が一帯を掘り返してみたところ、なんと小さな黄金の観音像が出土した。「これは尊き仏様だ」とのことで、永福寺に移して祀ったという。

観音像が出土した2反歩ほどの田圃は「生田（おぼこだ）」と呼ばれ、牛馬を入れず、人の手だけで耕し、この生田から収穫した新米で餅をつき、早稲田観音に供える風習があった。

一説には**坂上田村麻呂**の**持仏**だともいわれ、ますます伝説に拍車を掛けている。則誉守西上人の御詠歌にも「神変不思議は観世音」と、観音像出現の奇談が詠み込まれている。

「早稲田観世音出現之地」碑は住宅街の中にポツンと立ち、つい見逃してしまう。

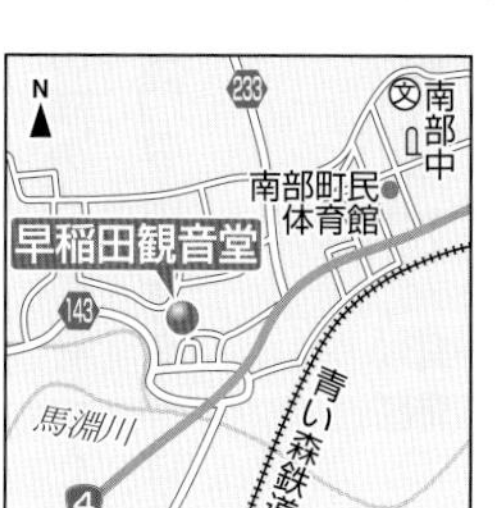

早稲田観音堂

【本　尊】十一面観音
【所在地】南部町沖田面早稲田6―3
【御縁日】9月17日
【御朱印】馬場家で所有（観音堂から下った中小路突き当たり）
【その他】駐車場あり、石段なし、トイレなし

古町 隅ノ観音堂

南部町

御詠歌

ゑん福の御寺の隅のくわんせおん
慈眼普門の山にぞありけり

語り継がれる観音像伝説

　三戸南部氏が居城としていた聖寿寺館（三戸御本城、三戸御館）南方、小向館と馬場館に挟まれた古町の一角に隅ノ観音堂が鎮座している。聖寿寺館から古町に向かう県道143号沿いの右手にある「隅ノ観音入り口300メートル」と書かれた看板が目印。猿辺川に架けられた小さな観音橋を渡れば、赤い鳥居が見えてくる。『邦内郷村志』（明和～寛政年間＝1764～1801年）には「隅観音堂」、『雑書』承応2（1653）年4月11日条には「三戸角之観音」と記され、藩の祈祷が執行されていた。ただ、なぜ隅ノ観音と呼ばれるかが不明である。「聖寿寺館や、それより古い館跡の馬場館の隅にあったから」などと考えられるが、今後の発掘調査に期待する。

　観音堂は、3間四方の**宝形造り**。**内陣**には横山大観の『**朝陽映島**』を思わせる扉絵の**内御堂**があり、その中に聖観音座像（南部町指定文化財）が安置されている。像高30センチ、**台座**も含めると50センチで、台座は木の根元を伐採したままの簡素な作り。観音像は**通肩**の**衲衣**をまとった**一木造**で、小ぶりな割に重量感がある。**宝冠**はなく、**髻**のみを頭上高く結い上げて、全体に黒漆が塗られている。ややキツい目をした**彫眼**で、右手は**施無畏印**、左手に**蓮華**を持っていたようだが欠損。江戸初期の作と思われる。傍らの鉄製阿弥陀如来立像は小指大で、観音像の髻にちょうど納まるようになっている。

　この阿弥陀如来像について、次のような昔話が残っている。

　隣の大地主の家で働いていた男が阿弥陀如来像を持ち去り、家の隅にある柱のくぼみへ隠していたところ、この家が火事になった。ところが、なぜかこの柱だけが焼け残り、阿弥陀如来像を発見。この柱から観音像を刻んだので「隅ノ観音」なのだとか。

　また、子どもたちが観音像を持ち出し、猿辺川で水浴びをさせて遊んでいるのを見たおじいさんが「粗末にするんじゃない」と叱った。するとその夜、おじいさんは熱を出し動けなくなってしまった。**イタコ**（巫

聖寿寺館跡における掘立柱建造物跡の発掘風景（南部町教育委員会提供）

昔話でも語られ、人々に親しまれてきた隅ノ観音堂

焼け残った柱から刻んだという伝説がある聖観音座像

女）に伺いを立てると、「子どもたちと遊んでいたのに邪魔をしたので観音様が咎めた」とのこと。早速、観音堂へ参詣して詫びると、病気は治ったという。

この種のエピソードは、民俗学者・柳田国男著作の『遠野物語』に収められた十王の話や、八戸市上野の五智如来堂に安置される奇峰学秀作の仏像の伝説にも似ている。神仏を川や沼に入れるという行為は、雨乞いや豊作祈願の神事でよく執り行われる。隅ノ観音は、このような土俗信仰の中で土地の人々に親しまれてきた。

さまざまな伝説が語り継がれてきたのも、その歴史の深さゆえである。永正9（1512）年の観光上人巡礼札（青森県指定文化財）には「六番圓福寺」「すみなれし佛はここにゑんふかし　みな人まいりいのらぬはなし」と刻まれている。この巡礼札は、中世の糠部地方の中心地がこの一帯であったことを証明しており、観音堂は、史料の少ない城館群の研究上、重要な役割を持っているといえよう。観音堂周辺の墓地は、今はない普門山圓福寺時代からの土地で、高台にある天保2（1831）年の大正法印の墓石には「権大僧都」「晋門山十代世」と刻まれている。

さらに観音堂の内陣には数体の客仏も納められ、地元では「ご隠居様」と呼ぶ。他に、藩政時代の多数の**棟札**や、小野小町ら**六歌仙**を描いた絵馬も奉納され、古い城下町としていかに文化水準が高い地域だったかをうかがい知ることができる。

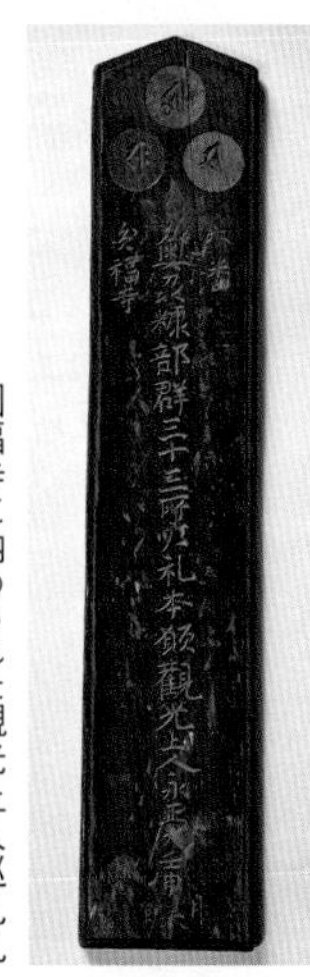

圓福寺に納められた観光上人巡礼札

聖寿寺館

三戸南部氏の本拠地といえば、「三戸町城山公園内の屋形」とイメージされがちである。しかし、それは24代晴政から27代利直までの4代約七十数年の間のことであり、それまでは南部町の聖寿寺館が南部氏歴代の居館であった。

晴政の時世、天文8（1539）年のこと。聖寿寺館は、家臣・赤沼備中の遺恨による放火で焼失したと伝えられる（『御当家御記録』寛政9＝1797＝年）。しかし、当時の記録は一切残っていない。それが近年の発掘調査により、被熱した陶磁器や多量の炭化物が確認されたことで、放火はさておき、確かに火災があったことが証明された。

聖寿寺館跡は標高70メートルほどの丘陵地に立地している。城館跡の主要部分はほとんどが果樹園であったことから、開発による破壊が少なく、中世の状態が良好に保存されていた。平成6（1994）年から本格的な調査に入り、同16（2004）年に国史跡の指定を受けている。東北地方で最大規模の掘立柱建造物跡や土橋跡、南部氏家紋のルーツと考えられる向鶴の銅製品などが次々と発掘され、中世の新史実を発信している。

隅ノ観音堂

【本　尊】 聖観音
【所在地】 南部町小向鱒沢102—1
【御縁日】 8月17日
【御朱印】 観音堂に朱印箱を設置
【その他】 駐車場なし、石段あり、トイレなし　※緩い坂

二十五番札所

悟真寺観音堂

三戸町

御詠歌

終南山のぼりて見れば悟真寺の
佛をおがむ　身こそ頼母し

扇垂木の軒　当地方では希少

三戸町の中心街に三戸大神宮と並んで浄土宗・終南山悟真寺が鎮座している。ここは三戸城の城下町で、正面の奥州街道を田子方面へ向かうと、すぐに鹿角街道との分岐点となる。

寛永年間（1624～44年）の『三戸御古城之図』（盛岡市中央公民館所蔵）には悟真寺が記され、**門前**は「大泉寺通り」と呼ばれていた。寛永4（1627）年、27代南部利直の盛岡築城により、三戸にあった大泉寺が盛岡に移転。その後に残ったのが悟真寺である。

このことについて、幕末に編さんされた『内史略』（横川良助著、岩手県立図書館所蔵）では「悟真寺は盛岡へ御引越已前の大泉寺の跡、但し今の所に非ず、長栄寺の向、今畠に成」と伝えている。やや西方の長栄寺の向かいに鎮座していたようである。

『**過去帳**』には鉄堂上人（宝永5＝1708＝年8月18日寂）が開山したと記され、『邦内郷村志』（明和～寛政年間＝1764～1801年）にも「悟真寺　浄土宗　盛岡大泉寺**末寺**　終南山光明院　二人**扶持**　従開山鉄堂上人　寛永年中　当住寺寛政三年迄十七代」とある。また、『新撰陸奥国誌』（明治9＝1876＝年）には「天保八年に類焼して…」とあり、この大火で寺宝や古記録が焼失し、故事来歴が不明となってしまった。

本堂の**本尊**・木彫阿弥陀如来立像（青森県重宝）について、『悟真寺縁起』（寛文11＝1671＝年正月）には「御本尊は、信州善光寺四天堂の中尊にして、忝も聖徳大師の御作なり」とあり、そのため地元では**聖徳太子**作と語られてきた。

その本堂の東隣に**宝形造り**2間四方の観音堂が鎮座している。**扇垂木の軒**は当地方の観音堂ではあまり見られない。

観音堂隣には、斗南藩士・渡部道雲（帍次郎）の揮毫による会津藩士戊辰殉難者招魂碑もある。道雲は三戸小学校の3代目校長で、書家としても著名。多くの墨跡を残している。

観音堂前の**香炉**に線香を立て、「水洗観音」と称する石造り観音像の前で手を洗ってから参拝する。かつて毎月17日と18日の**御縁日**には善男善女でにぎわったという。

観音堂の本尊は木彫聖観音立像で、宝永3（1706）年に開山の鉄堂上人が奉納した。高さ115センチで、ふっくらした優しい**面相**に、右手が施無畏**印**、左手は**蓮華**を奉持した典型的な聖観音像である。

また、左側には木彫弘法大師座像（三戸町指定文化財）が安置されている。この像は、かつて同町にあった正智院（明治4＝1871＝年廃寺）からの客仏である。その他、

扇垂木の技法が見られる悟真寺観音堂

鉄堂上人が奉納した聖観音立像

観音堂の側柱には「円光大師二十五番拝所」の木札が打ち付けられており、「円光大師二十五番拝所十九番　ただ頼めよろづの罪は深くとも　わが本願のあらんかぎりは　八戸天聖寺八善社員　明治廿年六月　工藤徹應　楢舘弥三郎」と刻まれている。

工藤徹應は長栄寺の住職で、**外陣**に掛けられた記念写真にも写っている。

本堂の裏手には戦時中の防空壕を利用した洞窟観音（5ページ口絵⑤も参照）がある。事故死した孫の供養のために同町の船場つめ氏が昭和34（1959）年11月に設けた霊場。「西国（近畿）三十三札所」の聖土を集め勧請していることから、これを拝むことで西国の霊場33カ所の御利益も得られるという。悟真寺は三戸町の歴史と共に歩んできた霊場といえよう。

渡部道雲の書による会津藩士招魂碑

本堂裏手にある「西国三十三札所」洞窟観音

斗南藩と会津藩士招魂碑

会津（福島県）の鶴ケ城は、戊辰戦争で明治元（1868）年9月に落城。滅藩となった後、翌年暮れに現在の青森県南地方および二戸市金田一、北海道南の一部に斗南藩として再興を許された。表高23万石から3万石に減らされ、実質的な石高はわずか7500石。五戸代官所が最初の藩庁（翌年、現むつ市田名部の円通寺へ）となり、食糧自給のため開墾作業に従事する中、多くの人々が餓死・凍死した。同4（1871）年7月の廃藩置県により、全国で最も短命な藩として終焉を迎えた。

三戸地方に残留した斗南藩士らが、戊辰戦争二十七回忌の明治27（1894）年8月23日、戦死した家族や同胞たちの慰霊のため、悟真寺に招魂碑を建立。題字は旧斗南藩主・松平容大、書は渡部道雲による。石材は三戸城石垣の石を払い下げてもらった。また、本堂の位牌堂には、会津藩家老・萱野権兵衛の位牌が安置されている。会津戦争の全責任を背負い、江戸で切腹したことにより、会津藩を救い、斗南藩誕生に導いた人物である。

悟真寺観音堂

【本　尊】聖観音
【所在地】三戸町同心町諏訪内55
【御縁日】なし
【御朱印】悟真寺で所有
【その他】駐車場あり、石段なし、トイレあり

二十六番札所

下田子 清水寺観音（真清田神社）

田子町

参道にそびえる推定樹齢500年の大杉。触れると健康長寿などの御利益があるという

田村麻呂伝説残し高い格式

三戸町から国道104号の旧鹿角街道を秋田方面へ西進し、田子町に入ってすぐの道路沿いに「二十六番札所」の標柱が立ち、朱の鳥居がある。その鳥居から急勾配の参道を上っていくと、所々に木肌がこすられて白くなっている杉の大木（田子町指定天然記念物）が屹立する。これは、神の依代となる霊木の木肌に触れることで健康長寿やぼけ防止の御利益があるという伝承から、参詣者が触れたためである。

参道を上り切ると、広い境内に間口5間、奥行き2間半の**拝殿**、**幣殿**、**本殿**を備えた本格的な社殿がそびえ立っている。地元ではこの広い神域を「観音平」と呼ぶ。「平」とは「岱」のことで、地表が高く、起伏が少ない高原広野の地形を指す。

清水寺観音は、明治元（1868）年の**神仏分離**令以降、**郷社**（神社の社格）の真清田神社として広く信仰されてきたが、その割には故事来歴を証明する真実性ある史料が残されていない。

本殿に7枚の**棟札**が納められており、最も古いものには「奉造立　拾一面宝大神観音御堂　正保三季丙戌拾二月十五日　金龍山清水寺」と記され、裏面には縁起がしたためられている。それには「大同2（807）年に草創され、このたびの正保

御詠歌

田子町にたつは神変ふしぎしゃの
ちかいはすゑの世にもたえせじ

３（１６４６）年の再興で、**本尊**の十一面観音を中心に、阿弥陀如来、薬師如来、**毘沙門天**を合祀した」とあり、**坂上田村麻呂**が蝦夷征討の際に創建したという。

別当（管理者）は代々吉之坊（吉野坊、吉野院）で、明治以降は**復飾**（還俗）して佐藤と名乗り、今日に至っている。

次に古い棟札は、明和元（１７６４）年の銘で、裏面には再興の理由が１８５文字にわたり、びっしりと記されている。田村麻呂草創には触れておらず、初代盛岡藩主・南部利直が慶長年間（１５９６～１６１５年）に創建した社殿を、このとき８代利雄の命令により再建したと記録している。また、別の棟札にはこの草創年代を慶長11（１６０６）年と記している。

『新撰陸奥国誌』（明治９＝１８７６＝年）には「祭神高照光姫命

かつて「金龍山清水寺」と呼ばれていた真清田神社

坂上田村麻呂にまつわる逸話が残る十一面観音立像
＝平成 13（2001）年撮影

許は十一面観音を祀る。大同二年田村麻呂の草創の由伝。慶長十一年南部□□再興ありと云う　明治の度、神仏改ありし時、仏像は耕田寺に移し立、当神に改め祭る」と記され、前述の棟札を裏付ける形でまとめられている。空欄の□□は、棟札から「利直」と推測できる。利直は田子城で出生していることもあり、清水寺への尊崇厚く、**巡見使**通過の際に必ず参詣したり、歴代藩主の下知で再建修復を行ったりしている。

本殿の**御神鏡**の奥にカツラ材一**木造**の**鉈彫り**十一面観音立像が**ご神体**として祀られている。ずんぐりして大ぶりな感じではあるが、柔和ながらも威厳がある。高さ182チセンで、田村麻呂作とか、田村麻呂に似せたとかいわれるが、彫法からみて、江戸初期に地元の人が作った素人の**御作仏**と思われる。**台座**はなく、左腕修復の跡があり、両足首に虫食いの損傷が見られる。その他、同時期の造作と思われる社宝三体仏も安置されているが、これもまた傷みが激しい。

『邦内郷村志』（明和～寛政年間＝1764～1801年）では大同2年創建や清水寺別当の吉野院を紹介したり、『篤焉家訓』（文化～天保年間＝19世紀初め）の「**修験**面附」では寄進米2駄を賜っていたと記す。また、『万日記』（嘉永3＝1850＝年）7月17日条には「下田子十一面観音**開帳**大盛也」とあり、**御縁日**には扉が開かれ、大層にぎわったことが分かる。

田村麻呂の蝦夷征討の背景に、観

十一面観音立像と社宝三体仏

音菩薩（ぼさつ）のご加護と京都の清水寺創建が関わっている。これらが核となって観音信仰にまつわる伝説が東北各地に誕生した。

藩政時代まで「金龍山清水寺」と称し、田村麻呂伝説と観音信仰を残す格式高い霊場が、ここ田子町にあった。

坂上田村麻呂と観音信仰

正史では坂上田村麻呂は志波城（盛岡市）まで北上しているものの、鎮守府はその南方の胆沢城（岩手県奥州市）でとどまっている。従って当地方に田村麻呂が足を踏み入れたとは考えられない。ところが、田村麻呂開基の寺社が多く、「糠部三十三札所」一番札所の寺下観音堂（階上町）、二番札所の是川・清水寺（せいすいじ）観音堂（八戸市）、十四番札所の櫛引観音堂（同）、十六番札所の霊現堂（りょうげんどう）観音（南部町）、二十三番札所の早稲田観音堂（同）などがそれに当たる。

下田子・清水寺観音は、付近に湧いている川を「別当清水（しみず）」と呼び、かつて「金龍山清水寺」と称していたことから、京都の清水寺とも関わりがありそうだ。田子小学校の校歌に♫征夷将軍田村麻呂　駒（こま）をとどめし真清田の♪と来村をたたえる一節も見られ、地元では信じられている。

青森市の「ねぶた」も、東北町の「日本中央の碑」も、田村麻呂の蝦夷征討が起源となっている。ただ荒唐無稽と批判せず、その伝承の依拠しているところを研究することも大切であろう。

清水寺観音（真清田神社）

【本　尊】十一面観音（**秘仏**）
【所在地】田子町田子堂ノ東20
【御縁日】5月2日（例大祭）
【御朱印】佐藤家で所有（参道入り口）
【その他】駐車場あり（鳥居脇に普通車約3台分）、石段なし、トイレあり　※急坂

鳥居に張られた七宝編みの化粧トシナ

二十七番札所

七日市 釜淵（かまぶち）観音堂

田子町

御詠歌

釜淵の砌（みぎり）に立つやくわんぜおん
慈眼視衆生（じげんししゅじょう）　念彼観音（ねんぴ）

学秀　3度目の千体仏完成

ニンニク生産量日本一の田子町。町役場の南方約600メートルの県道32号（田子二戸線）西側、七日市（なのかいち）集落に釜淵観音堂が鎮座している。参道入り口の鳥居に七宝（しっぽう）編みの化粧**トシナ**（しめ縄）が張られており、その美しさは一見の価値がある。また、こけむした境内は、さほど広いとはいえないが、森閑とした空気に包まれている。特に観音堂の西側にそびえ立つ高さ約30メートル、幹周り約6・5メートルの大**イチョウ**（田子町指定天然記念物、推定樹齢400年）はシンボル的風格がある。

鳥居の東側には千体仏（せんたいぶつ）完成記念碑（町指定文化財）が立っている。高さ約80センチの石碑に「奉千佛之像作奇峰学秀（きほうがくしゅう）和尚　手自代（てじだい）釜渕平兵衛　享保七壬寅（みずのえとら）年四月吉日」と刻まれ、コンクリートで礎石を補強し、さらに**鞘堂**（さやどう）で覆うなど、地元の人々が大切にしているのが分かる。

仏師・奇峰学秀は釜淵一族の出身で、江戸中期の禅僧。九番札所の糠塚・大慈寺（八戸市）を引退した後の享保7（1722）年、この観音堂にこもって3度目の千体仏を完成させ奉納した。祖先ならびに両親の供養のため千体の仏像を彫り上げた際の記念碑である。学秀は生涯に三千数百体を作仏したといわれている。

残念なことに、観音堂に浮浪者た

奇峰学秀の千体仏完成記念碑

ちが寝泊まりした際、千体仏でたき火をして暖を取ったり、子どもたちが人形として相撲を取らせて壊したり、川に流したりして多くを紛失したという。そのため現在、観音堂の祭壇には千体仏の中の数体が安置されているだけになってしまった。

その他に、学秀の両親や親族の法名を背面に墨書きして千体仏の中央に置いた中尊観世音菩薩（かんぜおんぼさつ）座像や、学秀仏としては珍しく彩色された大型

奇峰学秀が３度目の千体仏を彫り上げた釜淵観音堂

の**閻魔**大王座像、小型の十王像6体があり、町文化財の指定を受けている。金箔を施した**子安**観音像も祀られ、子育て・安産・縁結びに御利益があるとして信仰されている。

本尊は、管理者である釜淵嘉内氏宅の神棚に安置されている。高さ30センチほどの**一木造**聖観音座像（町指定文化財）で、荒削りではあるが全体的に均整がよく取れ、学秀の技が熟練してきた時期に彫られたものと推測される。**面相**は穏やかでありながらも緊張感を失うことなく、**髻**を細長く大きく取っているところが特徴的。右手は施無畏**印**、左手は何かを握っていたようだが、おそらく**蓮華**であったと思われる。**衲衣**の左胸部に円形の調度品を着け、**蓮華座**（蓮台）にどっ

釜淵家の神棚に安置されている奇峰学秀作聖観音座像

しりと結跏趺坐をし、小ぶりながらも堂々とした観音像である。その他、神棚の恵比寿・大黒像と千体仏のうちの2体も町文化財に指定されている。

かつては「蟹沢山宣王寺」ともいい、『邦内郷村志』（明和～寛政年間＝1764～1801年）には「蟹沢観音　俗別当弥助」と記されている。

学秀は生涯を通して多くの人々の幸せを祈り、心を込めて人々が望むさまざまな仏像を刻み続けた。学秀の布教活動の特色は作仏であり、その仏像は、やませ地帯である糠部地方の庶民の心にどれだけ安らぎを与えたか計り知れない。学秀が釜淵観音堂で「**お籠もり**」をしながら作仏した偉業は、学秀について研究する上で見落とすことのできない事実であり、それを田子町民は誇りとしている。

奇峰学秀と学秀仏

奇峰学秀は田子出身で、出自の詳細は不明だが、長興寺（九戸村）7世や糠塚・大慈寺6世の住職を務め、元文4（1739）年に三書林顧養庵（南部町、十九番札所の法光寺の隠居所）で**示寂**した。この庵へは多くの客僧が訪れており、その際、自らが彫った仏像を手土産として渡している。学秀が心血を注いで制作したこれらの仏像を総称して「学秀仏」と呼ぶ。

『名川町誌』（平成7＝1995＝年）によると、慈融和尚（法光寺16世）に酒をごちそうしようとした際、トックリ片手に自らも酒を飲み、三書林の丸木橋で足を踏み外し、ため池に落ちて水死したという。なんとも人間らしい学秀の最期であった。

現在、確認されている学秀仏は、田子町をはじめとして八戸市、南部町、階上町、六戸町、そして二戸市や葛巻町などの80体ほどで、これからもまだまだ発見されることであろう。直近では平成31（2019）年2月に十五番札所の普賢院（八戸市）で学秀仏の千手観音像が発見された。

釜淵観音堂

【本　尊】 聖観音
【所在地】 田子町田子七日市16―1
【御縁日】 1月17日、9月17日（お神酒上げ）
【御朱印】 釜淵家で所有（観音堂の門前）
【その他】 駐車場あり（小）、石段なし、トイレなし

二十八番札所

福岡 岩谷観音堂

二戸市

御詠歌

たち寄りて あまの岩戸や福岡の
いわ屋の佛おがむ頼母子

天然要害 絶壁の洞穴に鎮座

「豊臣秀吉にけんかを売った男」として、二戸地方の英雄とたたえられている九戸政実。小説『天を衝く』（高橋克彦著）でもその生涯が描かれ、全国的に知られる武将となった。

その政実が、6万5千人ともいわれる豊臣軍を5千の兵で迎え撃った場所が九戸城（二戸市）である。九戸城は、西に馬淵川、北に白鳥川、東に猫渕川と、三方を河川に囲まれた天然の要害で、岩谷観音堂は九戸城の裾を巡る白鳥川と馬淵川が合流する崖の絶壁に鎮座している。

ここは旧奥州街道の馬助坂の上り口で、白鳥川に架かる朱色のつり橋を渡ると、洞穴に幅5メートル、高さ2メートルほどの格子戸で仕切られた観音堂がある。残念なことに平成29（2017）年11月、凍結と融解を繰り返したことによる大崩落で屋根が直撃され、つり橋が渡れなくなった。現在は橋の手前に**遥拝所**を設置している。遥拝所の脇には、正徳2（1712）年に**仏師・奇峰学秀**が**九戸一揆**（**九戸政実の乱**）の戦没者供養のために千体の仏像を制作したことを記す千**補陀**堂碑（二戸市指定文化財）が立つ。

奇峰学秀が九戸一揆の戦没者供養のために仏像千体を制作したことを記す千補陀堂碑

観音堂には、100年に1度しか**ご開帳**しない**内御堂**が安置されている。筆者は平成5（1993）年の観音像修復の際、管理者の黒沢家と二戸市教育委員会の招きにより拝ませていただいた。観音堂の扉を開けると全面が祭壇で、中央に**御神鏡**が置かれ、背後に**唐破風**（からはふ）の内御堂がある。厳重に施錠され、門外不出の**秘仏**であることを感じた。

本尊は高さ50・5チセンの聖（しょう）観音座像で、右手が与願**印**、左手に**蓮華**（れんげ）を持っていたと思われるが欠損している。また、隣には大きな渦巻き形の髪をした高さ49チセンの阿弥陀如来座像も安置。右手の第1指（親指）と第4指（薬指）で輪をつくる下品下生（げぼんげしょう）印を結んでいるが、左手は欠損している。共に**寄木**（よせぎ）**造**（づくり）**彫眼**（ちょうがん）の彩色仕上げ像で、内刳り（うちぐ）を施しており、京都院派系統の同一仏師の作と思われる。

洞穴に鎮座している岩谷観音堂。現在、つり橋は渡ることができない＝平成14(2002)年撮影

ご開帳の際、岩手県立博物館の大矢邦宣学芸員（当時）も一緒で、彼は「14世紀（南北朝時代）の作で、長興寺（九戸村）の**宝冠**釈迦（しゃか）如来座像と似ており、『二

「二体一対本尊」の形態の聖観音座像＝平成5(1993)年撮影

体一対本尊』の形態である」と鑑定した。これにより平成7(1995)年10月、岩手県北地方では数少ない中世仏の優品として二戸市文化財の指定を受けた。

元禄2(1689)年の**棟札**には「正観世音殿」と記され、久慈市左エ門治房、亦重三郎四郎嘉秀が願主となり、盛岡の永福寺住持・圓然清珊和尚の祈禱で修復したとある。

また、安永年間(1772〜81年)の棟札には、その故事来歴が次のように記されている。

昔、白鳥川上流の洞穴で祀られていた観音像が「白髭水」という大洪水に見舞われて、ここまで流され、岩谷の藤蔓に引っ掛かっていた。それを村人が見つけ、白鳥山観音寺を建立し、その本尊として懇に信仰したという。

さらに慶安元(1648)年の**鰐口**や観音堂修復の棟札が保管されており、則誉守西上人の「順礼次第記」(寛保3＝1743＝年)には「白鳥山岩立寺」と記されている。その他、祭壇には**オシラサマ**や十王像などの諸仏が祀られているが、幾度か浸水に見舞われたらしく腐食が激しい。

観音堂の上方に架かる岩谷橋の脇には「右もり岡　左白とり」と刻まれた安永4(1775)年建立の**追分石**が置かれ、崖の上には十和田山詣での記念碑も立つ。お山かけ(参詣)する村人は観音堂の下の川で沐浴し、精進潔斎してから出発したという。岩谷観音堂は洞穴に納まりながら、堅固な九戸城の輪郭を流れる白鳥川と共に歴史を刻んできたのである。

二戸市中心部にある九戸城跡（国指定史跡）は平成29（2017）年、「続日本100名城」（日本城郭協会）に選定され、歴史的価値が再評価されている。

「続日本 100 名城」に選定された九戸城跡

九戸城と九戸一揆

九戸城跡には、東北最古とみられる石垣遺構があり、落城後は豊臣秀吉の命令により蒲生氏郷が豊臣流の城に改修した。南部家当主・南部信直は「福岡城」と改め南部領の本拠地としたが、子の利直が盛岡城に移し、寛永13（1636）年に廃城となった。『南部史要』（明治44＝1911＝年）には、廃城に伴い、城内の建築物は盛岡城新丸御殿の用材として利用されたとある。

九戸一揆は天正19（1591）年、九戸政実が信直および奥州仕置（しおき）を行う豊臣政権に対して蜂起し、南部地方を二分する戦いとなった。信直は前田利家を通じて秀吉に援軍を依頼。豊臣秀次を総大将として、徳川家康、上杉景勝、浅野長政、井伊直政ら錚々（そうそう）たる戦国武将が派遣され、熾烈（しれつ）な攻防であった。政実の降伏後、政実や重臣は三ノ迫（宮城県）で斬首された。また、他の籠城者は二の丸に閉じ込められ、殺戮（さつりく）された。福岡城が今でも九戸城と呼ばれるのは、政実に対する強い思い入れや愛着が地域の人々にあるからといえよう。

岩谷観音堂

【本　尊】聖観音（**秘仏**）
※**化仏**（けぶつ）はないが、十一面観音の説もあり
【所在地】二戸市福岡城ノ外4―1
【御縁日】なし
【御朱印】遙拝所隣に朱印箱を設置
【その他】駐車場なし、石段なし、トイレなし

二十九番札所

鳥越山 鳥越観音堂

一戸町

投入堂の奥の院 岩屋に鎮座

一戸町の鳥越観音堂への目印は、国道4号沿いに立つ高さ15メートルの真っ赤な大鳥居（昭和46＝1971＝年3月竣工、5ページ口絵⑥）である。この巨大な石造りの鳥居脇の狭い道を1キロほど進むと、参道入り口となる。ここから100メートルほど入った所に高さ約16メートル、樹齢約300年のアズマヒガン桜（一戸町指定天然記念物）がそびえている。ここ宮古沢の地で鳥越観音の歴史を見続けてきた生き証人である。また、竹細工実演販売施設「もみじ交遊舎」が左側に、右側には別当（管理者）の鈴木家がある。

この参道を進んでいくと、通称「シリクイ坂」となる。急峻な坂のため、前を行く人の尻が顔の前に来てしまうことから、その名が付けられたと推測される。鈴木家隣の脇参道を自家用車で第2駐車場まで進むこともできる。

そこから少し歩くと、安政6（1859）年建立の八脚門形式の**仁王門**（**山門**）が立つ。門の**釣り鐘**は、戦前までは4代盛岡藩主・南部行信が奉納したものを掛けていたが、戦時中に供出された。現在の釣り鐘は昭和48（1973）年に奉納されており、参詣者は必ずこの鐘の下をくぐることになるので、いつしか、鐘を突き、その下で合掌祈願するという慣習ができた。シリクイ坂を上ってきた後続の者が、鐘の下で合掌する前の者に対し、鐘を突いてあげる

「鳥越山岩屋寺」の額が掛けられている仁王門

御詠歌

鳥越の御山は須彌峯　観音寺
如日虚空住　念彼観音

岩屋の中に鎮座する投入堂形式の鳥越観音堂奥の院

平成15(2003)年の火災の翌年に奉納された聖観音立像

のである。このような労りの心を育むのが観音巡礼でもある。ただし帰る際、鐘を突くと「戻り鐘」といって、願掛けが消えてしまうというので要注意。

本堂を経て、観音堂**奥の院**の上り口には**丁塚**も立っている。丁塚から見上げると、奥の院が岩屋にすっぽりと包まれ、山の一部になっている。このように、霊山を傷つけることなく自然な場所に建てた建築物を「**投入堂**」という。奥行き7～8メートルの岩穴を利用して建てられた奥の院は、内部の壁や天井は岩肌がそのまま露出している。床は板張りで、正面4間の身舎（お堂）の前に縁を突き出し、手すりを設けている。また、奥の院に架けられた階木は急峻で、険しさと力強さを感じさせる**懸造**様式である。

慶長7（1602）年、初代盛岡藩主・利直から**寺領**3石を与えられ、寛文12（1672）年には3代重信が再興した。幾度か修復を重ねているものの、江戸初期の建造物として平成元（1989）年9月に町文化財に指定された。さらに永正9（1512）年の観光上人「糠部三十三札所」三番札所の巡礼札（岩手県指定文化財）もあり、「岩屋寺へ　可起分けのぼり見おろせば　松の嵐ものり（法）の聲かと」と詠まれている。

ところが、奥の院は平成15（2003）年10月26日夜に出火し、翌朝、参拝者が発見したときは、全て焼け崩れた状態だった。すぐに地元住民らが再建実行委員会を組織し、寄付金を集めた。建築史料が残っていないため、焼失前の写真や住民の記憶を頼りに設計図を作り、翌年、念願の奥の院再建を果たした。火災当時、観光上人巡礼札は御所野縄文博物館（一戸町）に展示されていたため、難を逃れた。

鳥越観音堂は開山が鈴木雲客、開基が**慈覚大師**（**円仁**）とされる。洞窟には大蛇がすんでおり、慈覚大師と法力合戦の末、大蛇は逃げ去り、馬淵川の主となって大渕大明神として祀(まつ)られたという昔話もある。今でも奥の院の岩肌には、大蛇が抜けたという穴の跡がある。毎年10月第4日曜日に100人ほどが鈴木家に集まって「トッコ（例大祭）」を催している。今日の**本尊**は高さ60㌢ほどの木彫聖(しょう)観音立像(りゅうぞう)。焼失する前の観音像は慈覚大師作と伝えられる。

また、かつては八幡太郎**源義家**が奉納したという兜(かぶと)の鍬(くわ)形を鈴木家で保管していた。ここは、いにしえより神が山の峰に降臨する**修験**道場であり、遠来からの多くの参拝者でにぎわうとともに、盛岡藩主代々の崇敬を集めた霊場であった。

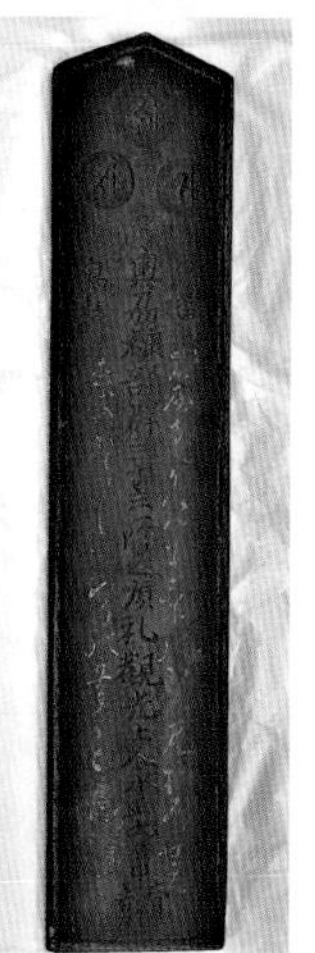
観光上人が納めた巡礼札（御所野縄文博物館所蔵）

鈴木雲客と慈覚大師

鈴木家はかつて「東福院」と称した天台宗修験者（山伏）で、盛岡藩法輪院の支配下にあった。別当の鈴木セツ氏（昭和4＝1929＝年生まれ）は54代目。

天保15（1844）年の『東福院良海縁起』（鈴木家所蔵）によると、鈴木家の始祖で雲客という徳の高い人物が、平安の都に住んでいた。ある夜、不思議な夢を見たという。夢枕に立った老僧いわく「奥州東の末　鳥をも越えざるべし大岩の…末世の住居と究め…我は正観音也」と。事の次第を時の帝(みかど)・桓武天皇に話すと、「それならば」と、雲客に東北地方を行脚して寺院を建立することを命じた。その後、大同2（807）年に慈覚大師が鳥越村を訪れ、観音像を刻み、本尊として納めたという。大師はしばらく同村にとどまり、篠(しの)竹で竹細工を考案。これが村人の冬季間の生業(なりわい)となった。端午の節句に「ちまき」を食べて無病息災を祈る風習も伝えた。

しかしながらこの大同2年は、大師の実年齢がまだ13歳であるため、本人かどうか定かではない。

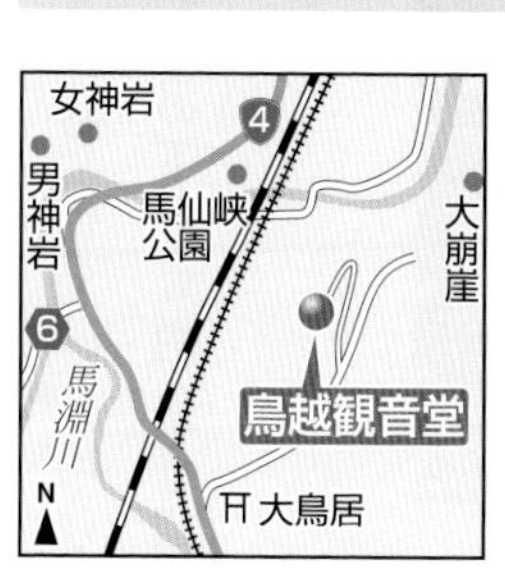

鳥越観音堂

【本　尊】聖観音（**秘仏**）
【所在地】一戸町鳥越首戸
【御縁日】10月第4日曜日（トッコ）、旧暦9月9、19、29日（くにちのまつり）、毎月旧暦17日（観音様の日）
【御朱印】鈴木家で所有（参道入り口）
【その他】駐車場2カ所あり、石段あり、トイレあり　※急坂

三十番札所

石切所 朝日山観音堂

二戸市

御詠歌
朝日さす　夕日かがやく　いしきでら（巖處寺）
岩屋の下も　普明（照）諸世間

山中浄土　神秘的な霊場

　岩手県立自然公園の**馬仙峡**は昭和37（1962）年、当時の国分謙吉知事（二戸市出身）が、山梨県の昇仙峡にならい、馬淵川の「馬」を冠して命名した名勝地。男神岩・女神岩と大崩崖が馬淵川を挟んで雄大な自然をつくり出し、実に見事な景観である。その一角にある朝日山からは、眼前の二戸市街地はもとより折爪岳まで眺望でき、新幹線二戸駅舎も見える。

　この山の中腹、むき出しになった断崖絶壁の岩穴の中に鎮まっているのが朝日山観音堂。日本人の山に寄せる特別な感情、そして日本人の信仰のよりどころがここにある。

　石切所大村の歩道橋脇の参道を上ると、すぐに執務室と東屋が立つ。観音堂への道は急峻な坂であることから、杖をそろえており、中には杖代わりにスキーのストックもある。

　観音菩薩の分身ともいえるこの杖を手にした瞬間から、世俗の煩悩や心の穢れを洗い清め、生まれ変わるために山林へ入っていく。木の根にすがり、岩角に助けられる箇所もある険しい道のりである。参道は雨が降ると川のように水が流れるため、近年、朱の「参橋」を設営した。

馬淵川の景勝地・馬仙峡

　橋を渡り終えた辺りから頭上に観音堂が見えてくる。観音堂は間口2間に、**外陣**の奥行き4間半、**内陣**の奥行き1間半の広さで、自然にできた岩のくぼみに隙間なく納められている。天井は天然の岩肌で、左側の壁も岩肌がむき出しになっており、祭壇に向かって左側には湧き水が流れている。

下野国（栃木県）から行脚してきた**慈覚大師**（**円仁**）が51歳のときに当地を訪れ、開基したと伝えられる。その際、慈覚大師が、お堂を守る別当（管理者）の殺生は畜生道に落ちるとして肉食を禁じたとのこと。現在では寛容になったものの、かつて別当の簗部家では肉食をタブーとし、卵すら食べることが許されなかった。また、葬儀などの不幸の場に出席してから朝日山に登ってはならないという禁忌もある。これも神道的な「忌みがかかる」という教えに基づいているのであろう。

則誉守西上人は「順礼次第記」（寛保3＝1743＝年）で、慶長2（159

岩穴の中に隙間なく建てられた朝日山観音堂

祭壇に安置されている聖観音座像

7）年の**棟札**があり、朝日山法明院純宥という**修験者**（山伏）が別当で知行50石を賜っていたと紹介。吉祥坊の大永4（1524）年の巡礼札や、観光上人の永正9（1512）年の巡礼札を所蔵し、観光上人の札には巍處寺（いしきでら、ぎしょじ）と記されていたと書き留めている。

また「順礼文序記」では観光上人御詠歌を「水くきの後（跡）を朝日に残されて忘れず思ふ人を待らん」と記し、四番札所としているが、現在その巡礼札は所在不明である。

観音堂に向かって左側には尾根道の跡が残っており、かつて巡礼者や修験者はこの道を通り、女神岩・男神岩の下を経て三十三番札所の天台寺（二戸市）へ向かった。『邦内郷村志』（明和～寛政年間＝1764～1801年）には「かの石窟の中にお堂を建立して仏を安置し、もって朝日観音と号す。（略）然るに去春、火災不意に起り悉く焼失す。我今これを再興（略）時に元禄五壬申歳九月吉祥日　法明院住僧法印広長敬白　御代官久慈市右衛門源治房　上田権六資益　大工藤原善兵衛　別当惣右衛門」と元禄5（1692）年の再建記事が残されている。

祭壇には高さ42ﾁｾﾝの木彫聖観音座像が安置されているが、湿気のために朽ちかけ、お顔もはっきりしない。ただし、**本尊**の観音石は別にあり、保安のため簗部家の床の間に安置されている。幅40センチ、高さ20センチほどの自然石で、古来、白馬の姿となり、**衆生**（しゅじょう）を救うと信じられてきた。

朝日山は心の宇宙世界であり、観音堂はその光源という「**山中浄土**」の考え方が見られる。神道や仏教の教義が重なり、自然と一体化した神秘性が感じられる霊場といえよう。

小説「馬渕川」の直木賞受賞を記念して建立された渡辺喜恵子の句碑

朝日山と明神ケ淵

馬仙峡の男神岩の上にある展望台からは二戸地域を一望でき、女神岩の真下が石切所大淵（おおぶち）の明神ケ淵。ここに大淵大明神碑と、小説「馬渕川」で第41回直木賞を受賞した作家・渡辺喜恵子の句碑があり、句碑には「明神の渕の澄めるもかなしけれ」と刻まれている。この一句は、戦時中に疎開していた際、男神岩と女神岩の伝説を聞き、同情して詠んだ作品。

二戸市市制施行20周年記念誌『にのへの心』によると、この男神と女神は恋人同士であったが、男神は隣の朝日山観音（鳥越観音の説あり）に心を寄せてしまう。女神は悲しみ、嫉妬のあまり大蛇に変身し、朝日山観音を殺そうとしたが、それもかなわず馬渕川に身を投じて明神ケ淵の主になったという。そこで地元の人々は大淵大明神としてお祀（まつ）りし、怒りを鎮めた。日照りが続くと、ここで雨乞いをしたとも…。今でも靄（もや）のかかった日には、少々不気味な雰囲気を漂わせる。朝日山観音堂は史料が少ないこともあり、さまざまな伝説の中に登場し、語り継がれている。

朝日山観音堂

【本　尊】聖観音
【所在地】二戸市石切所下ノ平79
【御縁日】10月の日曜日（元は旧暦9月17日）
【御朱印】執務室受付に設置
【その他】駐車場なし、石段あり、トイレなし　※とても急坂

晴山 観音林観音堂

軽米町

御詠歌

一筋にくわんのんばやし来て見れば
終のすみ家は西とこそきけ

藩境の交通の要衝に鎮座

八戸市内から軽米町観音林を経由して二戸市金田一に至り、奥州街道と合流する脇街道を「**上り街道**」と呼ぶ。江戸時代の参勤交代の道であり、人・物・情報が往来していた。

特に観音林は盛岡藩との藩境であり、公用物資の輸送に当たる**伝馬継所**や、参勤交代の休憩所である**御仮屋**が設けられるなど、重要な地点であった。

俳諧師・**三峰館寛兆**の『道中双六』（嘉永年間＝１８４８～54年、八戸市立図書館所蔵）には見事な松並木や御仮屋の様子が描かれ、当時の繁栄ぶりをうかがわせる。しかし、松並木は戦時中の木材供出のために伐採され、晴山稲荷神社の東隣にあった御仮屋も明治36（１９０３）年の大火で焼失してしまった。

一方、集落西方の**一里塚**（軽米町指定史跡）がほぼ完全な形で残されており、旧街道であったことを証明している。

「**遊行上人**が八戸藩入りした際に出迎えるため、前野郷右衛門が迎使者として派遣された」（『八戸藩（**目付**所）日記』延享元＝１７４４＝年7月12日条）とか、「参勤交代帰路の出迎えに来た藩士の家族たちが酒盛りをしたため、飲酒禁止令が出された」（『八戸藩（目付所）日記』宝暦５＝１７５５＝年５月７日条）などということが記録に残っている。公的な宿場ではなかったが、それに準じる役割を果たしていたといえよう。当然、藩主や藩士、その家族、往来者たちが観音林観音堂へ参詣したことは想像できる。

観音堂は御仮屋跡北方の下杤沢農村公園隣に立つ３間四方のお堂。代々管理してきた本田家は「観音林のダンナ様」と呼ばれる旧家で、屋号を「与一郎」と称し、御仮屋守も務めてきた。かつて当家では毎月旧暦17日に「月次祭」と称して講を催し、刃物を使わずに調理した「お粢」を観音堂に供えたという。

本尊は**秘仏**で、高さ52センチのカツラ材聖観音座像。**髻**を大きく取り、穏やかな表情で、右手は第1指（親指）と第2指（人さし指）を結び、左手に**錫杖**を握っている。おそらくこの錫杖は、後に持たせたもので、もとは**蓮華**を奉持していたと思われる。**衲衣**は両肩を覆う**通肩**で、金箔を施した跡が所々に見られる。干割れが激しく、昭和30年代あたりまで**オセンダク**（着物）を着せていたということから蒸れてしまったのではないだろうか。**光背**は輪光背で、接着部分が欠けている。

台座の底面には「天明八年申四月吉日　御佛師岩崎文治良作」「観世音菩薩　前膊折損セシタメ昭和三年四月十六日修繕　神久保安太郎　本田三五郎」「奥州南部八戸」と墨書きが残る。

岩崎文治良とは、当時人気があった**仏師**だったようで、六戸町鶴喰の月窓寺の本尊釈迦如来像（寛政3＝1791＝年）も文治良の作。こち

八戸藩と盛岡藩の藩境だった地に鎮座する観音林観音堂

八戸の仏師・岩崎文治良が刻んだ聖観音座像＝平成 4(1992)年 7 月撮影

らには「京　井上理昌門人八戸住御仏師岩崎文治郎」と記されていることから、京都で修行し、京仏師の流れをくむ八戸の彫刻師であったことが分かる。天明8（1788）年銘であることから、**ケガジ**（飢饉）による餓死者供養を兼ねてのことであろう。

寛保3（1743）年の則誉守西上人「順礼次第記」では千手観音像を本尊として紹介している。『八戸藩日記』元禄6（1693）年6月25日条に「千手観音像が盗難に遭い、同年6月30日に福岡（二戸市）の呑香稲荷神社の裏で見つかった」旨も記されている。その後、天明期に聖観音像へ替えたと推測される。『八戸祠佐嘉志』（文久元＝1861＝年）には「観音林村鎮守　正観世音菩薩　木仏ナリ」と記されている。

観音堂の**扁額**は、十九番札所の法光寺（南部町）23世で葛巻出身の天瑞泰亮和尚が古希を祝って揮毫しており、ここに文治良とのつながりが見える。文治良は法光寺開山の玉峰捐城和尚像も制作し、旧知の仲であった。このように観音堂は、かつて繁栄していた集落の中にしっかりと根を下ろし、鎮座していたのである。

晴山稲荷神社境内の観音堂の本尊・千手観音立像

晴山稲荷神社境内に鎮座する千手観音堂

晴山稲荷神社の観音堂

御仮屋の隣に鎮座していた旧**村社**・晴山稲荷神社。同神社の社伝によると、南北朝末期、千手観音堂が境内に創建され、その本尊として明尊法師が1本のカツラの木から7体の観音像を作り、千手観音像を納めたという。明尊法師とは**長慶天皇**の弟で、南部町の長谷寺（恵光院）を開き、同町の霊現堂（斗賀神社）に**鰐口**（青森県内最古）を納めた人物でもある。しかし、その千手観音像の行方は現在不明。

そこで昭和60（1985）年7月16日、晴山稲荷神社境内に新しく観音堂を建立し、ヒノキ材千手観音立像を祀った。高さ約50㌢の**一木造**で、全体的にゆったりと流麗に刻まれ、やや小さめの円**光背**をかざしている。「奉納　観音林　神久保和子　昭和五十九年七月吉日　彫刻師叺屋敷宗保」の銘もある。千手観音像は普段、同神社の古舘久功宮司が住まいする新館神社に安置しているが、毎年9月23日の**御縁日**（5月3日から変更）には神社境内の観音堂に遷して祭典を執行している。

観音林観音堂

【本　尊】聖観音（**秘仏**、元は千手観音）
【所在地】軽米町晴山第26地割68
【御縁日】なし
【御朱印】本田家で所有（バス停「観音林」向かい）
【その他】駐車場あり、石段なし、トイレあり（下栃沢農村公園の施設利用）

三十二番札所

一戸 実相寺観音堂

一戸町

御詠歌

諸法実相　真如の月を照らさんと
おこす御法も弘誓願海

大悲閣　イチョウ脇に鎮座

一戸町の中心街、県道210号沿いに「国指定天然記念物　実相寺の**イチョウ**」と書かれた大看板があり、そこから水路沿いに進むと、浄土宗・諸法山実相寺のモダンな白亜の本堂が鎮座している。一戸保育所と隣接し、境内は元気な園児たちの声であふれている。

説明板によると、イチョウの木は樹高約25メートル、幹周り3・9メートルとのこと。推定樹齢約300年にもなるが、それほど巨木とはいえない。雄木でありながら雌花が咲いてブドウ房状の実を結ぶ、学術的に貴重な樹木だという。則誉守西上人たちが巡礼した際も、このイチョウの木が彼らを迎えてくれた。この日は街がとてもにぎわっていたと「順礼文序記」に記されている。

実相寺は、戦乱の歴史を背景に誕生したといっても過言ではない。嘉永2（1849）年に55世良誉釜山上人が再記筆録した『諸法山願海院実相寺由緒』という史料が現存している。これは実相寺の故事来歴を記したもので、「爰奥州南部二戸郡市戸（一戸）諸法山願海院実相寺草創者恵心僧都之遺跡也」と書き始めている。

国指定天然記念物のイチョウ。奥は実相寺本堂

恵心僧都（**源信**）の門流である円忍僧都が保元・平治の乱を悲しみ、

本尊の恵心僧都作・阿弥陀如来像を京都から奉持して永暦元（1160）年、金田一（二戸市）に草庵を結んだという。その場所が実相寺住職の隠居所、野月集落の願海庵で、当初は天台宗の**庵寺**であった。その後、京都の知恩院から下向した良満上人が明応2（1493）年、28代庵主になることで浄土宗へ宗派が替わった。良満上人が願海庵を訪れたときに、その零落したお堂や本尊を見て心を痛め、領主の一戸氏の帰依と近郷の里人たちの浄財により、金田一の船場小路（寺屋敷）に知恩院**末寺**として願海院実相寺を建立した。

天文11（1543）年の30世鉄残上人の時代には、一戸へ遷座しようとしたが、途中で九戸氏の反対に遭い、浪打峠麓の村松（二戸市）でとどまった。そして天正2（1574）年4月、一戸氏の熱意が実って31世鉄冏（てっきょう）上人の時代、現在地に落慶し

寄棟造りの実相寺観音堂

框座に創作期の墨書銘がある聖観音立像

た。この新築された実相寺へ九戸領内の住民も大勢参詣したことから、九戸氏が立腹し、やがて九戸氏との対立を引き起こす遠因ともなったと記録されている。

観音堂はイチョウの木の脇に鎮座し、2間四方寄棟造り。外壁の前面に巡礼札や絵馬が掛けられ、入り口には「大悲閣　晩翠謹書」と書かれた**扁額**が掲げられている。

大悲閣とは観音堂のこと。**土井晩翠**は昭和14（1939）年にリンゴ狩りに訪れた際、**九戸一揆（九戸政実の乱）**の悲話を聞き、「荒城の月」の歌詞の肉筆を刻んだ碑を九戸城跡に建立している。土井は特に観音菩薩の信奉者であったことから、このとき、なんらかのご縁で扁額の揮毫を依頼されたと推測できる。

堂内中央には、像高105㌢、輪**光背**も含めると高さ136㌢の本尊の聖観音立像が安置されている。全身金箔が施された**玉眼**嵌入の端正な**寄木造**像。**衲衣**は両肩を覆う**通肩**で、腰から体側に垂れ下がる天衣遊離部が両方欠落する。左手に**蓮華**を奉持し、右手は第1指（親指）と第2指（人さし指）で**印**を結んでおり、典型的な聖観音像といえよう。**台座**の框座に「貞享三年」（1686年）と墨書銘があり、このとき作仏されたと思われる。

さらに特筆できるのは、「奥南円光大師二十五**拝所**」一番の**納札**を所蔵していること。この納札が、北東北の浄土宗寺院の中でも重きを成す霊場であることを証明しているといえよう。

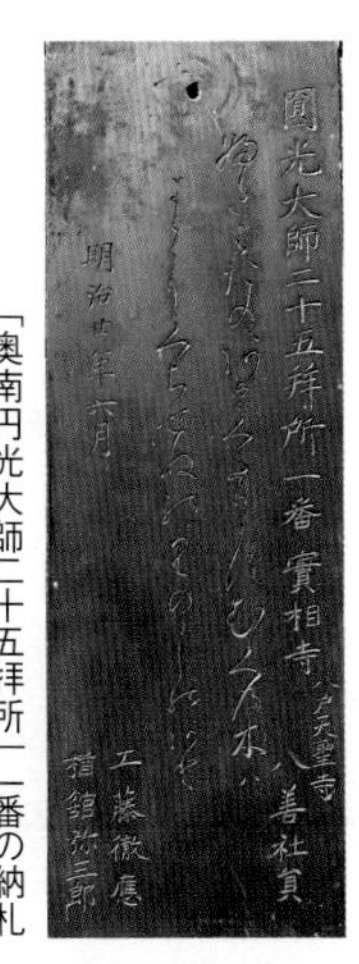

「奥南円光大師二十五拝所」一番の納札

奥南円光大師二十五拝所

円光大師とは浄土宗の開祖、法然上人の諡号。法然上人ゆかりの霊場を巡拝することを「円光大師二十五霊場巡り」といい、その生誕地の誕生寺（岡山県）を一番、入滅の京都の知恩院を二十五番としている。

当地方でも工藤徹應（三戸の長栄寺住職）と檜舘弥三郎ら八戸の天聖寺の**檀家**連中が、明治20（1887）年6月にその巡拝を行った。彼らはあらかじめ木札に御詠歌を草書体で刻み、黒漆を塗った立派な納札を作り、浄土宗系寺院やテラコ（庵寺）を巡った。そのコースは実相寺を**発願**とし、下北地方に向かい、上北・三八地方を経るもので、奥南部地方における巡拝のため、筆者はこれを「奥南円光大師二十五拝所」と呼んでいる。現在のところ九番の大乗寺（六ケ所村）、十九番の悟真寺（三戸町）、二十三番の西光寺（階上町）でも納札を確認できた。一番の実相寺の納札は幅16・7センチ、長さ47センチ、厚さ2センチで、御詠歌は「両幡の天降ります椋の木は世々に朽ちせぬ法の師のあと」（原文は全文仮名）である。

実相寺観音堂

【本　尊】聖観音
【所在地】一戸町一戸大沢12
【御縁日】旧暦6月22、23日（おつとめ）
【御朱印】実相寺で所有
【その他】駐車場あり、石段なし、トイレあり

浄法寺町

天台寺観音堂

二戸市

古代最北の仏教文化中心地

「八葉**蓮華**世界」という仏教用語から**山号**を八葉山といい、一般に「御山の観音様」として親しまれている天台宗の天台寺。昭和62（1987）年に瀬戸内寂聴師を住職に迎えての「青空説法」で話題となり、翌年、比叡山延暦寺に伝わる「不滅の法燈」が分灯されて、さらに世の耳目を集めた。

天台寺参道「気運向上坂」の上り口にはカツラの大木がそびえ、霊泉が湧いている。その浄く澄んだ水を人々は尊び、**本尊**のことを「桂清水（桂泉）観音」と呼ぶ。天台寺信仰の原点はこの桂清水にあるといっても過言ではない。糠部地方には、カツラの根元に湧く清水を「シッコ」と呼んで神仏を祀る風習がある。

付近の御山集落には別当（管理者）・桂寿院や**宿坊**の史跡があり、古代最北の仏教文化の中心地として発展したことが分かる。その仏教文化を支えていたのが、北奥羽の覇者、安倍氏だった。天台寺は南北朝時代に入ると、糠部地方で勢力を伸ばした南部氏との関係が深まり、江戸時代には保護を受けるようになる。南部氏が盛岡へ移城した後も代々崇敬し、**寺領**を与え、**伽藍**を再興してきた。収蔵庫の**棟札**には、万治元（1658）年に南部氏28代重直（2代盛岡藩主）が荘重な本堂（観音堂、国指定重要文化財）を再興し、32年後の元禄3（1690）年に29代重信（3代盛岡藩主）が大修理をしたことが記されている。

また、参道の**仁王門**（**山門**）も復興しており、こちらは明暦3（1657）年に建立された。高さ2・5メートルほどの**阿吽**一対のケヤキ材**一木造**仁王像（二戸市指定文化財）は鎌倉時代初期の**運慶**作との伝承もある。病気や痛いところがあれば、仁王像の同じ箇所に白い紙を貼ると完治するといわれ、「身代わり仁王尊」と呼ばれた。男性は**阿形**像に、女性は**吽形**像に祈願する習わしがある。造形からみて江戸初期の作であろう。

御詠歌

八葉の御山に詣す観世音
天台てらを拝みおさむる
東門拝み初めて天台の
西の門にておがみ納むる

棟札などに記された寺伝によると、天台寺の開山は奈良時代の名僧・**行基**だという。神亀5（728）年、**聖武天皇**の命を受け、本尊の聖観音立像を作仏。収蔵庫所蔵の聖武天皇ご宸筆（直筆）の寺号額がそれを証明する。その後、平安時代に**慈覚大師**（**円仁**）が訪れ、再興したという。一番札所の寺下観音堂（階上町）の本尊も行基作といい、伝説の共通性が見られる。

行基は**僧尼令**により布教活動を禁じられたが、行基を慕い、集まっ

参道の上り口にそびえる大カツラ。
根元には霊泉が湧く

天台寺本堂と仁王門は令和 2(2020) 年に約 6 年半の大改修を終え、360 年前の姿に復元された。
写真は本堂＝同年 4 月撮影

鉈彫り技法の最高傑作である本尊の聖観音立像

た**私度僧**らが「行基集団」を形成し、地方で貧民救済のため社会に貢献した。これに対し、国家も行基集団の力を無視することはできず、体制の中に取り込むようになる。おそらくこの集団が、行基の名の下にこの地へ赴き、天台寺を開いたのではないだろうか。

天台寺の仏像59体のうち、平安仏と報告されているのは13体。その中でも最も古いのが本尊の聖観音立像と十一面観音立像の2体（共に国指定重要文化財）。聖観音像は、前面の独特な丸鑿痕のしま模様と、背面の平滑な仕上げのコントラストが美しい。高さ116・5㌢の素木の一木造で、**鉈彫り**技法の最高傑作である。ただ、**施無畏印**の左手指がそれぞれ欠損しているのがもったいない。胸に卍を朱書きし、腹部**条帛**の折り返し部に阿弥陀如来**種子**「キリーク」を墨書きしている。

隣の十一面観音像は、体全体から穏やかさが感じられるカツラ材一木造で、高さ174㌢。2体は同一**仏師**が彫ったというが、十一面観音像は鉈彫りではないため、聖観音像とはまた違った印象を与える。

則誉守西上人が天台寺を参拝したのは6月14日の「お山のサカリ（**おさかり**、例大祭）」のとき。「順礼文序記」に、そのにぎわっていた様子を克明に記している。

また、天台寺では多くの文化財を所蔵する。南北朝時代の正平18（1363）年銘の銅**鰐口**や応永16（1409）年銘の観音籤筒、元中9（1392）年に南部守行が寄進したことを刻んだ明暦3（1657）年銘の**釣り鐘**。その他、古い絵馬や額が数多く奉納されており、天台寺への信仰の強さを象徴するものである。三戸の俳諧師・松尾頂水の御詠歌額も納められている。さらに奥浄瑠

穏やかさが感じられる十一面観音立像

璃（語り物）で、甲斐（山梨県）・信濃（長野県）の武将・一条兵衛之助頼家の子、松若丸がそのまま観音菩薩になったという御本地物語、**長慶天皇**や**坂上田村麻呂**伝説もある。

まさに天台寺は歴史と伝説の全てにおいて、札納めの**結願**の地として最もふさわしい霊場といえよう。

【メモ】
入山料は大人300円（収蔵庫入館料込み）、中学生以下無料。境内の売店に納める。入山時間は午前8時半～午後4時。

天台寺復興と瀬戸内寂聴師

天台寺は明治維新の**廃仏毀釈**の際、多くの堂社や仏像、宝物などを失ってしまった。さらに明治15（1882）年に別当・桂寿院が焼失し、昭和28（1953）年には杉の大木1166本が切り倒され、秋田杉として売却されるという事件も起こり、荒廃してしまった。この不幸な出来事が復興運動につながったが、著名な文学者の今春聴（東光）師と瀬戸内寂聴師の復活への努力と功績は特に輝かしい。

寂聴師は、昭和48（1973）年、中尊寺貫首の春聴大僧正を頼って**得度**し、昭和62（1987）年に天台寺住職に就いた。週末には「青空説法」と称して境内で法話を行い、清らかな光景に癒やされ、澄み切った心になって元気を取り戻せるとして話題になった。住職を退いた平成17（2005）年以降も名誉住職として年数回、開催していたが、同30（2018）年、高齢と体調を理由に、30年間続いた青空説法を休止した。多いときは1万人もの参詣者が境内を埋め尽くした。

天台寺観音堂

【本　尊】 聖観音
【所在地】 二戸市浄法寺町御山久保33—1
【御縁日】 5月5日、10月第1日曜日（例大祭）
【御朱印】 天台寺で所有
【その他】 駐車場あり、石段あり、トイレあり　※急坂

似鳥（飯近山）の観音

二戸市

御詠歌

八葉の御山のおくの浄法寺
具足妙相　念彼観音

悩んだ末の特別札所

誰にでもうっかりや間違いはある。無事に巡礼を終え、八戸に帰った則誉守西上人は、長者山山寺の隠居所で「順礼文序記」をまとめる際、悩みに悩んだ。その一文に次のように記している。「同行一同、先ヅ禅宗福藏寺ノ裏門ヨリ入リ佛前ヲ拝シ院主ト談話ノ後、案内ニ加ワリ飯近ノ観音堂ニ詣リ三十二番ノ札ヲ納メ別當文珠院ニ雑話シテ…」と。

守西上人は、福蔵寺住職の案内で浄法寺の飯近山観音堂に参詣した際、ちゃんと御詠歌を詠み、三十二番の札を打って、別当（管理者）・文珠院と雑談してから宿舎に入った。翌日、一戸の実相寺に三十一番の札を納め、雲岌上人と面会するが、ここで守西上人は青ざめてしまう。満願成就を目前にミスに気付いたのである。三十一番札所が軽米の観音林観音堂と実相寺の2カ所、成立してしまった。

このいきさつについて、『天台寺研究』創刊号（昭和55＝1980＝年、浄法寺町教育委員会）で山崎武雄氏は次のように記している。「守西上人が、実相寺を三十二番とする約束を実相寺住職雲岌和尚としてあったにもかかわらず、三十二番の札を飯近山観世音に打ってしまうというミスから生じたものである」と。

守西上人は巡礼を始める2カ月前、雲岌上人と面談した。糠部巡礼を計画中であるとの話題になったところ、雲岌上人が「三十二番に定めてくれたら、実相寺に観音堂を建立する」と約束をしたため、後には引けなくなってしまった。

そこで隠居所において守西上人が解決策として考えたのは、三十二番札所を約束通り実相寺とすることだった。守西上人は本来、実相寺を三十一番札所にしようと考えていたが、三十一番札所を観音林観音堂、三十二番札所を実相寺、そして先に札打ちした飯近山観音堂を「**拝み所**札所」という、札所と同等の扱いの特別札所にしてつじつまを合わせた。そのため後世、観音巡りを行う巡礼者は三十二番札所について戸惑ってしまうことになる。

三戸の俳諧師・松尾頂水（ちょうすい）が明治18（1885）年に天台寺と法光寺に奉納した「糠部三十三札所御詠歌奉納額」には、実相寺が番付に記されておらず、飯近山観音堂から移安した似鳥の観音堂を三十二番に定めている。

守西上人が、なぜこうまでして実相寺を札所番付に入れようとしたかといえば、雲岌和尚は守西上人の先輩だからである。今も昔も変わらない人間関係のしがらみと忖度（そんたく）が見えてくる。また、歴史と伝統を持つ実相寺を番付から外すことは到底できなかった。

番外ともいえる似鳥の観音堂は、似鳥八幡神社境内に鎮座している。同神社は、毎年旧暦正月6日の夜に「祭斎（サイトギ）」という珍しい年占いの火祭りを催し、近年、話題に

似鳥八幡神社境内に鎮座する観音堂

浄法寺歴史民俗資料館に保管展示されている聖観音立像

なっている。

本尊の観音像は寛保2（1742）年に浄法寺氏の一族、松岡家が甲州（山梨県）から勧請し、飯近山に観音堂を建立したという。その後、観音像は転々と人手に渡っていき、現在、天台寺参道の上り口の二戸市立浄法寺歴史民俗資料館に保管展示されている。高さ65センチの**一木造**（いちぼくづくり）聖観音立像（りゅうぞう）で、左手に**蓮華**（れんげ）を持ち、右手で蓮華を支えている。片膝を少し曲げた美しい姿態を保っていることが特徴で、切れ長の目の**彫眼**（ちょうがん）にふっくらとしたお顔、そして大きく**髻**（もとどり）を結い、何回か漆を塗った跡も見られる。おそらくこの漆は浄法寺塗であろう。

天台寺参詣の際は、同資料館の似鳥の観音像も番外として拝みたいものである。

天台寺参道の上り口にある浄法寺歴史民俗資料館

似鳥八幡神社脇に立つ松尾頂水
糠部巡礼の御詠歌記念碑

似鳥八幡神社で毎年旧暦正月6日に催される「祭斎（サイトギ）」。
火の粉の流れ具合で、その年の作柄や天候を占う

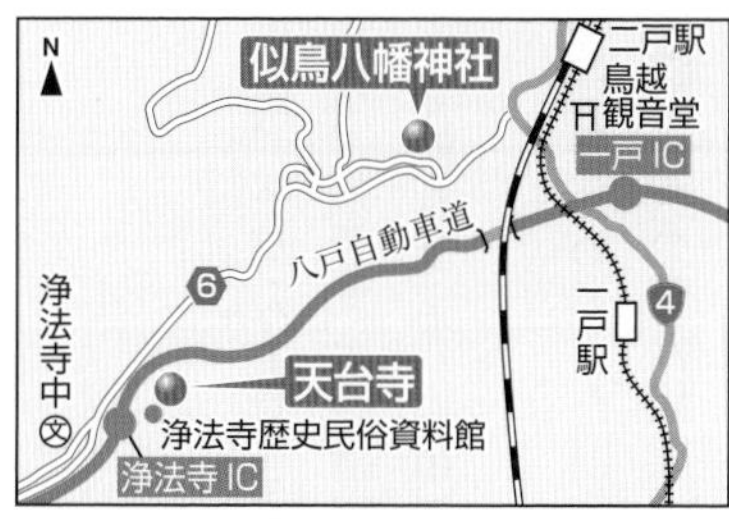

似鳥（飯近山）の観音

【本　尊】聖観音

【所在地】二戸市立浄法寺歴史民俗資料館：
二戸市浄法寺町御山久保35
似鳥の観音堂（似鳥八幡神社境内）：
二戸市似鳥林ノ下37

【御縁日】なし

【御朱印】なし

【その他】浄法寺歴史民俗資料館：駐車場あり、
石段なし、トイレあり

今後の課題

官・民・札所の三位一体で マスタープランの策定・推進を

今日、少子高齢化の進行により過疎化が顕著となっており、「糠部三十三札所」の中には限界集落地域もある。これは数百年にわたって守り続けてきた観音霊場の消滅の危機であり、豊かな伝統や文化も同時に失うことにもなる。

茅葺き屋根の清水寺観音堂

観音堂を寺社で管理している霊場はまだいいが、個人で管理する場合、多くの課題を抱えている。例えば、かつては三番札所の岡田観音堂（八戸市）や二十七番札所の釜淵観音堂（田子町）は茅葺(かやぶ)き屋根で風格を感じさせていたが、現在、茅が入手できずトタン屋根をかぶせている状況にあり、茅葺きは国指定重要文化財の二番札所の是川・清水寺(せいすいじ)観音堂（八戸市）のみとなってしまった。

また、代々観音堂の別当（管理者）を務めてきた旧家が転出したり、管理者が他界して継承者不在の状態になったりしており、個人で管理することの難しさを痛感する。令和元（２０１９）年の初日（５月１日）に全国の寺社で行列ができたというほどの昨今の御朱印ブームにもかかわらず、朱印の印面が摩耗し、参拝証の意義をなくしている霊場もある。

これらを解決するためには、地域全体で今後を模索し、支える体制づくりが求められる。観光資源となる観音霊場を核とし、魅力あふれる地域づくりをすべきではなかろうか。その対策として、次の4点を提案したい。

一、ご開帳活動について

「糠部三十三札所」の本尊である観音像は、多くが秘仏であり、閉じ切った扉の厨子に納められている。そのため、お姿を直接、目で拝することができない。

そこで、三十三札所全てが、ご開帳の期間を定めて、この期間のみ厨子の扉を開き、観音堂の一部にガラス張りを施し、お姿を拝してお参りできるようにしてはどうだろうか。その際、鈴の緒の鈴から5色のひもを観音像または厨子に結んで、直接「ご縁結び」をするのもいい。お前立ちに結んでもいいと思う。

別当の家から離れた観音堂では防犯上の問題もあるので、無理をせずに参拝者をお迎えする姿勢が大切である。要するに、おもてなしの心が求められる。参拝者が来訪した際、境内で御詠歌を自動で流す方法もある。

ご開帳活動を通して観音巡りの魅力を伝え、地域の活性化、そして「地域で大切な観音霊場を守らなくてはならない」という意識付けができればと思う。

この他、所蔵する神仏像や絵馬、棟札、古文書などの実物をできるだけ間近に見学できるよう、規模は小さくてもいいので宝物展を開催してもいいのではなかろうか。それらを市町村の広報やホームページなどを活用して積極的に情報発信すれば、なおいい。

二、ユニークベニューについて

「ユニークベニュー」とは、観音堂をはじめ寺社や城などの歴史的建造物、美術館や博物館などの文化施設を使い、会議・イベントを開催することで、参加者にその地域の特性を体験してもらう会場のことをいう。「特別な会場」で「特別な体験」をしてもらうのである。これは地域活性化が期待できる。

例えば、四国八十八カ所霊場の一つで弘法大師誕生所の善通寺（香川県）において、平成27（２０１５）年にアイドルグループ「ＡＫＢ48」によるライブイベントが開催され、歌やダンスを通してお遍路文化をアピールした。また、令和元年に世界遺産の東大寺仏殿（奈良県）の前で、ＳＦ映画「スター・ウォーズ」完結編の公開を記念して音楽祭が催された。同じく世界遺産の京都市の東寺（教王護国寺）でブレイクダンス大会が行われたことも記憶に新しい。

一方、地元では平成29（２０１７）年に八戸市市制施行88周年を記念し、国指定史跡「根城の広場」で人間国宝・野村万作、萬斎親子出演で薪能が催された。則誉守西上人が住職を務めた八戸市の天聖寺でも毎年、江戸時代の思想家である安藤昌益のシンポジウムが開催されている。これらを「糠部三十三札所」も参考にするのもお勧めである。

三、歴史講座や霊場巡り、案内板等設置について

地域住民に「糠部三十三札所」の文化財や歴史的価値に興味・関心を持ってもらうためには、霊場に関わる歴史講座や、小・中・高校生を対象とした出前講座が有効と考える。各霊場を巡るフィールドワークやバスツアーもいいだろう。こういった取り組みが、歴史や文化財に対する愛護精神を涵養することとなる。要するに学校教育との連携である。子どもが足を運べば必ずその保護者もイベントに参加するものである。

山道入り口にある野瀬観音堂の看板。見落としがちなので要注意

各霊場への案内板設置も検討してほしい。特に霊場巡りでは、初めて参拝する巡礼者が迷うことがある。そのため案内板の設置は必須である。十八番札所の外手洗観音堂（南部町）、二十番札所の矢立観音堂（同）、二十一番札所の野瀬観音堂（三戸町）は要注意。

加えて、どのようないわれを持つ札所なのかを伝える説明板も欲しい。かつて立っていた説明板が撤去処分されている場所もあり、事情があったとは思うが残念である。自治体による「歴史・文化財ガイドマップ」や案内書があれば、なおいい。

一番札所の寺下観音堂（階上町）のようにレストランやカフェを併設することで、霊場が憩いの場となっているという良い事例もある。

寺下観音堂に併設された茶屋「東門」。参拝の後、心静かにくつろぐのも、また一興

四、北奥羽百観音巡りについて

青森県には「津軽三十三札所」「田名部海辺三十三札所（下北三十三札所）」もある。これに「番外を含めた糠部三十四札所」を入れて「北奥羽百観音巡り」を設定してはどうだろうか。

長野県佐久市にある大永5（1525）年銘の石碑には「秩父三十四番　西國三十三番　坂東三十三番」と刻まれており、これが「日本百観音巡り」の最古といわれている。東北地方では山形県が最も盛んで、最上、庄内、置賜の番外を含めて「やまがた出羽百観音巡り」を設定。県観光課がポスターを作り、各霊場に幟を支給している。行政ばかりではなく、地元の企業がスポンサーとなり各霊場に幟を設置すれば、企業の宣伝も図ることができる。ボランティアガイドを結成することも誘客には有効であろう。

置賜二十三番札所の川井観音堂（桃源院）＝令和元（2019）年７月撮影

置賜二十四番札所の桑山観音堂（普門寺）に立つ「出羽百観音」の幟＝令和元（2019）年７月撮影

◇　◇

観音堂や観音像をはじめとする文化財を脅かすのは、「過疎」や「災害」「盗難」の他に、存在自体を知らないという「無知」である。「糠部三十三札所」は歴史的文化遺産であり、観光素材としての魅力もある。「官・民・札所」の三位一体で取り組むことが肝要である。この「地域の宝であり財産」を後世に残していくため、中長期的な視野に立って考え、地方公共団体も交えてマスタープラン（基本計画）を策定・推進することが急務である。

大切なのは、管理者だけに負担を掛けないということである。

#「糠部三十三札所」モデルコース

（あくまで一例。丸数字は札所番付）

■ゆったり4日間コース

【1日目】

長者山山寺・発心碑→①寺下観音堂→⑤白浜観音堂→⑥清水川観音堂→⑦新山権現堂観音（別雷神社）→⑧浄生寺観音→③岡田観音堂→②是川・清水寺観音堂→④高山観音（高山神社と高松寺）

【2日目】

⑨大慈寺観音堂→⑪南宗寺横枕観音→⑩来迎寺観音→⑫根城・隅の観音堂→⑬坂牛観音堂（坂牛八幡宮）→⑭櫛引観音堂→⑮徳楽寺観音（普賢院）

【3日目】

⑯霊現堂観音（斗賀神社）→⑰相内観音堂→⑲法光寺観音堂→⑱外手洗観音堂→⑳矢立観音堂→㉓早稲田観音堂→㉔古町・隅ノ観音堂→㉒恵光院長谷観音堂→㉑野瀬観音堂

【4日目】

㉕悟真寺観音堂→㉖下田子・清水寺観音（真清田神社）→㉗釜淵観音堂→㉛観音林観音堂→㉘岩谷観音堂→㉚朝日山観音堂→㉙鳥越観音堂→㉜実相寺観音堂→㉝天台寺観音堂→番外・似鳥の観音（浄法寺歴史民俗資料館）

■標準3日間コース

【1日目】

①寺下観音堂→⑤白浜観音堂→⑥清水川観音堂→⑦新山権現堂観音（別雷神社）→⑧浄生寺観音→③岡田観音堂→②是川・清水寺観音堂→④高山観音（高山神社と高松寺）→⑨大慈寺観音堂→⑪南宗寺横枕観音→⑩来迎寺観音

【2日目】

⑫根城・隅の観音堂→⑬坂牛観音堂（坂牛八幡宮）→⑭櫛引観音堂→⑮徳楽寺観音（普賢院）→⑯霊現堂観音（斗賀神社）→⑰相内観音堂→⑲法光寺観音堂→⑱外手洗観音堂→⑳矢立観音堂→㉓早稲田観音堂→㉔古町・隅ノ観音堂

【3日目】

㉒恵光院長谷観音堂→㉑野瀬観音堂→㉕悟真寺観音堂→㉖下田子・清水寺観音（真清田神社）→㉗釜淵観音堂→㉛観音林観音堂→㉘岩谷観音堂→㉚朝日山観音堂→㉙鳥越観音堂→㉜実相寺観音堂→㉝天台寺観音堂

■お急ぎ2日間コース

【1日目】

①寺下観音堂→⑤白浜観音堂→⑥清水川観音堂→⑦新山権現堂観音（別雷神社）→⑧浄生寺観音→③岡田観音堂→②是川・清水寺観音堂→④高山観音（高山神社と高松寺）→⑨大慈寺観音堂→⑪南宗寺横枕観音→⑩来迎寺観音→⑫根城・隅の観音堂→⑬坂牛観音堂（坂牛八幡宮）→⑭櫛引観音堂→⑮徳楽寺観音（普賢院）

【2日目】

⑯霊現堂観音（斗賀神社）→⑰相内観音堂→⑲法光寺観音堂→⑱外手洗観音堂→⑳矢立観音堂→㉓早稲田観音堂→㉔古町・隅ノ観音堂→㉒恵光院長谷観音堂→㉑野瀬観音堂→㉕悟真寺観音堂→㉖下田子・清水寺観音（真清田神社）→㉗釜淵観音堂→㉛観音林観音堂→㉘岩谷観音堂→㉚朝日山観音堂→㉙鳥越観音堂→㉜実相寺観音堂→㉝天台寺観音堂

「通し打ち」「区切り打ち」「一国打ち」

三十三札所を2、3日かけて一気に全部巡ることを「通し打ち」といい、何週かに分けて数カ所ずつ小分けにして巡ることを「区切り打ち」という。

また、糠部巡礼の場合、八戸藩と盛岡藩、また、青森県と岩手県にまたがったりしているので、それぞれの藩や県ごとに巡ることもあり、これを「一国打ち」という。

現代では、まとまった時間をなかなか取れないため「区切り打ち」が多い。

用語解説・索引

＊各用語末尾のゴシック体の数字は札所番付
序は「はじめに」～「巡礼の身支度（巡礼用品）」
番外は「消えた三十二番札所」

【あ行】

阿吽（阿形・吽形）　あうん（あぎょう・うんぎょう）　サンスクリット語に由来し、宇宙の始まりと終わりを表す。山門の仁王像は、一方が口を開いた「阿（始まり）像」、もう一方が口を閉じた「吽（終わり）像」となっており、神社の狛犬も同様。　**33**

庵寺　あんでら　山号・院号・寺号を持たない小さな寺。「庵」「いおり」ともいい、糠部地方では特に「テラコ」とも呼ぶ。　**8　19　32**

安藤きぬ女家族書上　あんどうきぬおんなかぞくかきあげ　八戸是川の安藤きぬが正安3（1301）年4月26日付で書き上げた家族調書。糠部地方最古の古文書。きぬは9代執権北条貞時時代の女性地頭代。書上からは同地方で婿取婚の形が取られていたことが分かる。　**7**

石殿　いしどの　石造りの小さな祠。　**12　15**

イタコ　死者の霊を呼び寄せる「ホトケオロシ」をして意中を語る「口寄せ」をする巫女。かつて目の不自由な女性が生業としていた。「市子」ともいう。師匠について厳しい修行をした上で免許が出され、旧家を巡ってオシラサマを遊ばせたりもした。　**24**

一木造　いちぼくづくり　木彫像の制作技法の一つ。1本の木材から丸彫りし、継ぎ目なく仕上げる。頭部と胸部を1本の木材で作り、腕や膝などを別木で作っても一木造という。木材が厚いため、深く彫ることができる。　**6　11　13　20　22　24　26　27　31　33　番外**

イチョウ　水分を多く含んで燃えにくい樹木のため、寺社の境内に植えられることが多い。二十七番札所の釜淵観音堂（田子町）や三十二番札所の実相寺（一戸町）の大イチョウは必見。　**3　9　12　27　32**

一里塚　いちりづか　徳川家康の命で、交通の目印として全国の主要な街道に一里（約4キロ）ごとに築かれた塚。基点は日本橋。2基一対の土盛りに松などを植えた。全国的には慶長9（1604）年に完成しているが、南部藩の記録『篤焉家訓』には同15（1610）年5月と記されている。八戸藩内の上り街道沿いでは八戸市の頃巻沢、市野沢（中野）、大森、軽米町の観音林に現存。　**31**

鋳物師　いもじ　鋳造を行う技術職人。「いものし」とも読む。鋳師、鋳造師、鋳造匠ともいう。　**1　16**

入母屋造り　いりもやづくり　伝統的な和風建築屋根の一つ。上部が切妻造り、下部が寄棟造りになった形式。城の天守閣や神社・仏閣などで多く見られる。　**9　16**

印・印相　いん・いんぞう　救いの内容を表した手の形。印相・持仏を見れば、なんの仏像か分かる。観音菩薩の場合、右手が与願印や施無畏印、左手に蓮華や水瓶を奉持している姿が多い。
3　7　14　15　18　20　21　23　24　25　27　28　32　33

内御堂　うちみどう　寺社・観音堂の内陣や祭壇に祀られている本尊などの尊い仏像を納めた小型のお堂。
7　12　13　17　20　23　24　28

運慶　うんけい　鎌倉時代に活躍した仏師。東大寺南大門の金剛力士（仁王）像が有名。「日本のミケランジェロ」ともいわれ、力強い作風は慶派の奈良仏師に引き継がれた。
33

恵心僧都　えしんそうず　平安時代に仏教書『往生要集』を著し、浄土信仰の根拠を示した高僧。同書は宋の商船を介して中国の天台山国清寺に送られ、絶賛された。
序　12　32

えんぶり・杁　糠部地方の豊年祈願の予祝芸能。国指定重要無形民俗文化財。「太夫」と呼ばれる舞手が、馬の頭をかたどった華やかな烏帽子をかぶり、頭を大きく振る独特の舞が特徴。田をならす農具の杁で大地を摺り、冬の間眠っている田の神をゆさぶり起こして春を呼ぶ。
7　12　17

閻魔　えんま　地獄の王である「十王」の一人。死者の生前の善行悪行を見極める裁判長。地蔵菩薩の化身。
27

追分石　おいわけいし　大きな街道の追分（道路が二つに分かれる分岐点）に建てられた道標。糠部地方では追分付近に魔物が入るとして、神仏を合祀する例が多い。追分には庚申塔も見られる。
18　28

扇垂木　おうぎだるき　放射状に配置された垂木。禅宗系寺院建築によく用いられる。糠部地方では二十五番札所の悟真寺観音堂（三戸町）の屋根の軒に、この技法が見られる。
25

拝み所　おがみどころ　寺社や観音堂を前にして拝むための場所。「拝所」ともいう。
3　23　番外

御仮屋　おかりや　参勤交代や藩内の巡回、幕府巡見使の来藩の際、休憩・宿泊した施設。幕府からの預かり人の留置や取り調べを行うなど、駐在所の役割も果たした。
6　31

奥の院　おくのいん　寺社の本殿や本堂からさらに奥にあり、由緒を持つ本尊や神像を祀ったお堂。人目に触れない場所を選んで建築している。二十二番札所の恵光院（南部町）は、宝物殿を奥の院に定めている。三十三番札所の天台寺（二戸市）は、聖観音像を安置する収蔵庫が奥の院的存在。
22　29

お籠もり　おこもり　祈願のために寺社に一定期間こもること。糠部地方では飲酒を伴い、コミュニケーションの場となっている。「参籠」ともいう。
6　15　21　27

おさかり・オサガリ　糠部地方独特の祭典の呼び方。にぎわいを意味する「お盛り＝おさかり」や、神仏に供えた後に下げた飲食物「お下がり＝オサガリ」に由来するともいわれる。イントネーションの違いで意味も違ってくる。「御縁日」ともいう。
1　4　33

御作仏　おさくぶつ　素人が彫った仏像の総称で、糠部地方独特の呼び方。そのほとんどは仏像彫刻の約束事に縛られず自由に彫られ、親しみを感じさせる。　4　26

オシラサマ　糠部地方で広く信仰されている家の神で、一族の血縁を大切にする。『遠野物語』（柳田国男著）に収められた馬娘婚姻譚に基づき、ご神体は桑の木で作られ、オセンダクを着せた夫婦一対。旧家に祀られて生活に深く浸透してきたが、昨今、管理できなくなって、観音堂など地域の霊場に移安されることが多くなっている。養蚕、目、避雷、農業、馬の神などとして崇拝される。　6　28

オセンダク　神仏像に着せる布きれの衣装。糠部地方のオシラサマや子安様などの民間信仰に見られる。「オヘンダク」「オヘダグ」ともいう。　6　31

お年取り　おとしとり　年末に一年の無事を感謝するとともに、新年を迎えることを祝い、祭典を催すこと。この日は「ハレ（非日常）」で、普段とは違う豪華な料理をいただく。「お年越し」ともいう。　5

お前立ち　おまえだち　本尊が秘仏の場合に、本尊の代わりとして厨子の前に安置する仏像。「お前立て」ともいう。　2　7　12　18　21

御湯釜立　おんゆがまだて　神前で湯釜に湯をたぎらせ、神職や修験者（山伏）が笹の葉を湯に浸して行う占い。また、その湯を振り掛けることによって罪や穢れをはらい清め、諸願成就を祈る呪法。「湯立祈禱」「湯立託宣」ともいう。　7

【か行】

鏡板　かがみいた　懸け仏や御正体の円形板の部分。　5

懸造　かけづくり　土地の急斜面に足場を組み、崖上に多くの柱を立て、貫を通して固めた上に建築したお堂。京都の清水寺本堂はその代表例。　29

懸け仏　かけぼとけ　銅などの円形板に半肉彫りの鋳像を取り付け、上方の2カ所に釣手環を付けたもの。つり下げて礼拝した。仏教的な呼び方で、神道では「御正体」という。　5　21

過去帳　かこちょう　亡くなった信徒の法名を記録した帳面。江戸時代の寺請制度により家ごとに作られた。寺院にとっては信仰の歴史となる。ただし差別問題が存在していた時代の信徒の出自も分かるため、原則閲覧禁止。　25

霞　かすみ　修験者（山伏）が布教活動している範囲（縄張り）。「仮住」「掠」とも書き、「檀那場」ともいう。寛延２（１７４９）年の『八戸藩（目付所）日記』領内人数調べでは、修験者とその家族は１１２０人もおり、霞場で密接な関係を持っていたと考えられる。　7　13　18

合掌土偶　がっしょうどぐう　八戸市風張1遺跡の縄文後期後半（約３５００年前）の竪穴式住居跡から出土。体育座りの状態で合掌する土偶の完形品は国内唯一。平成21（２００９）

年、国宝に指定。八戸市埋蔵文化財センター「是川縄文館」に展示されている。 2

金子善兵衛　かねこぜんべえ　青森県を代表する、八戸市の郷土史家。寺社建築や仏像をはじめ土地の風習、民話、方言に造詣が深かった。昭和49（1974）年発行『ふるさとの心』（デーリー東北新聞社）で即誉守西上人の巡礼を紹介し、同書は巡礼者のテキストになった。平成21（2009）年12月、県内男性最高齢者として106歳で天寿を全うした。 18

狩野元信　かのうもとのぶ　室町後期の絵師で永禄2（1559）年没。狩野派の祖・狩野正信の息子で狩野派2代目。作品は歴代の狩野派絵師の中で最も高く評価されている。代表作に『四季花鳥図』（旧大仙院方丈壁画）など。二番札所の是川・清水寺（八戸市）所蔵の鷹の板絵は、元信が描いたという言い伝えがある。しかし、板絵には「寛永拾一（1634）年六月五日　米田弥五郎」の銘があり、元信没後のことである。おそらく同寺が所蔵する弘治元（1555）年の絵馬と混同して誕生した伝説と思われる。 2

鷹の板絵（二番札所 清水寺）

冠木門　かぶきもん　横木（冠木）を左右2本の柱の上方に渡した、屋根のない簡素な門。 23

唐破風　からはふ　寺社建築の向拝（屋根の中央が前方に張り出した部分）に見られる曲線状の破風。中央部は弓形で、左右両端が反りかえった屋根や軒先などに用いる。仏像を安置する宮殿や内御堂を豪華に見せるために取り入れている霊場もある。 8 28

伽藍　がらん　僧侶が集まり修行する清浄な場。寺院または寺院の主要建造物の総称。寺院の主要な七つの建物（内容は宗派によって異なる）を「七堂伽藍」と称する。 9 19 23 33

間尺改め　かんじゃくあらため　船舶の寸法を基にした江戸時代の課税法。 3

北畠顕家　きたばたけあきいえ　南北朝時代の武将。後醍醐天皇の皇子・義良親王（後村上天皇）を奉じて陸奥国司として下向した。このときの糠部郡奉行が根城の南部師行で、大阪堺の石津の戦いで共に戦死した。顕家を開創者とする「信達三十三札所」（福島県）があるが、これは顕家が同県の霊山に国府を移したためと思われる。 12 17

行基　ぎょうき　奈良時代の名僧。民間への布教に対して、僧尼令により政府の弾圧を受けた。諸国を巡歴し、社会事業で活躍。政府の要請で東大寺大仏造立に協力し、大僧正に任じられた。 序 1 33

経蔵　きょうぞう　寺院における主要建造物である「七堂伽藍」の一つで、経典や仏教に関する書物を収蔵する経堂・経庫。九番札所の糠塚・大慈寺（八戸市）の経蔵（青森県重宝）

の中央には、大蔵経を納める八角形書棚の転輪蔵が据えられている。東北地方では岩手県平泉町の中尊寺経蔵（国指定重要文化財）がある。 9

玉眼　**ぎょくがん**　仏像の目の表現方法。本物らしく見せるため、眼球の部分をくりぬき、内側から瞳を描いた水晶の板をはめ込む。 17 32

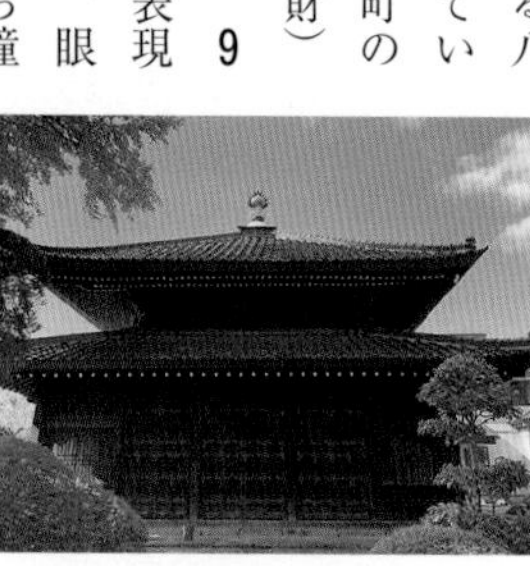

転輪蔵形式経蔵
（九番札所 大慈寺観音堂）

宮殿　**ぐでん**　仏像を安置する、屋根が備わった立派な厨子。浄土の世界を表現している。八番札所の浄生寺（八戸市）の宮殿は特筆できる。 8

九戸一揆（九戸政実の乱）　**くのへいっき（くのへまささねのらん）**　九戸城主の九戸政実が天正19（1591）年に起こした反乱。三戸の南部信直を一族の26代当主に決定した豊臣秀吉の奥州仕置（全国統一）に不満を持って蜂起。南部一族の跡目争いだった。6万5千人の豊臣軍を5千人の兵で迎え撃ったといわれる。 4 28 32

黒門　**くろもん**　黒色に塗った門。寺院の入り口に多く建てられた。 10

慶安事件　**けいあんじけん**　慶安4（1651）年に由井正雪、丸橋忠弥らが企てた幕府転覆未遂事件。事件後、牢人（浪人）の発生を防ぐ方向へ向かう。 1

ケガジ　飢饉、不作、凶作のこと。飢渇が訛って転化した。穂よりも毛（葉）の方が勝っている状況から「毛勝」とも書く。 12 31

外陣　**げじん**　本堂の内陣に対し、外側の参拝スペースのこと。観音堂では扉を開いてすぐの空間。板張りや畳敷きがある。 7 12 25 30

結願　**けちがん**　巡礼最後の三十三番札所に札打ちすること。結願所は、一番札所（発願所）と共に札所の中で特に重要な霊場。「けつがん」とも読む。 序 22 33

結跏趺坐　**けっかふざ**　瞑想するときの足の組み方で、仏像の座り方の一つ。両足の甲をそれぞれ反対の足の太ももに載せる、いわゆる座禅の座り方。 18 23 27

化仏　**けぶつ**　仏像の頭部や光背に配置されている小型の仏像。十一面観音像は、頭部に阿弥陀如来の化仏の他、本面以外の10個の面も持つ。この面も化仏と呼ぶことがある。 16 18 19 23 28

源治囲内　**げんじかこいない**　源義経らが密かに平泉を脱出し、八戸の種差海岸上陸後、白銀に一時かくまわれていたという伝説から付けられた地名。源治＝源氏。その後、一行は現在の八戸市内へ移動したという。則誉守西上人が語り伝えている。 6

小井川潤次郎　**こいかわじゅんじろう**　八戸市の民俗学者。大正4（1915）年に八戸郷土研究会を創設。数多くの著書を残し、昭和12（1937）年の種差海岸の国名勝指定、同16（1941）年の根城跡の国史跡指定、同32（1957）年の是川遺跡の国史跡指定に尽力した。柳田国男とも交流があった。同49（1974）年没。86歳。
3 8

郷社　ごうしゃ　明治4（1871）年に定められた神社の等級を示す社格制度の一つ。神社と国家が切り離された昭和20（1945）年をもって全て廃止されたが、社格は一種のステータスとして今も根強く残っている。糠部地方では「府県社」「郷社」「村社」「無格社」の順で格が高い。ほとんどは社格のない無格社だった。
15 26

光背　こうはい　徳が高く尊い神仏の身体から発せられる光明（後光）。舟を縦に立てた形状の舟形光背舟後光をはじめ、輪光背、火焔光背、円光背などがある。
3 4 11 12 13 15 17 18
19 20 21 22 23 31 32

香炉　こうろ　香をたくときに用いる器。香の香りは拝む者の心身を浄化すると考えられている。香炉、ろうそく立て、花立ては「三具足」と呼ばれ、基本的な仏具である。
25

御縁日　ごえんにち　糠部地方独特の祭典の呼び方。「おさかり」「オサガリ」ともいう。
1 6 14 18 25 26 31

ご開帳（開帳）　ごかいちょう（かいちょう）　寺院やお堂の秘仏を、特定の日に厨子の扉を開いて拝観できるようにすること。公開する周期は霊場によって1年に1回、10年に1回、33年に1回、60年に1回などさまざま。二十八番札所の岩谷観音堂（二戸市）は100年に1回。
3 11 12 21 22 26 28

古刹　こさつ　歴史と伝統を持つ、由緒ある古い寺院。「名刹」ともいうが、名刹は「名高い寺」の意味合いが強い。
8 9 16 19

後手　ごしゅ　2本の手で合掌する真手に対し、後ろにある手のこと。「うしろで」とも読む。千手観音は後手千本を持ち、どのような衆生をも漏らさず救済しようとする慈悲と力の広大さを表している。千本の手を彫るのは大変なため、42本に簡略化されることもある。千の手のひらそれぞれに一眼を持つとされ、「千手千眼観音」とも呼ばれる。
13 18

御神鏡　ごしんきょう　神様の依り代としての役割を果たす神聖な鏡。神社のご神体として本殿に祀られることが多い。己の心を映し出すともいわれ、拝殿の神前に置かれる場合もある。
5 6 13 26 28

ご神体　ごしんたい　神社で祭祀の対象となる神の本体。神社によって姿が異なる。神霊の宿る象徴として、一般的に見るのはタブーとされる。
3 7 22 26

牛頭天王　ごずてんのう　インドの祇園精舎の守護神。日本では素戔嗚尊の本地仏（本来の姿である仏様）と説かれ、厄除け・疫病除けの神として信仰された。明治の神仏分離令により八坂神社・祇園社となる。
5

小田毘沙門堂　こだびしゃもんどう　現在の小田八幡宮。明治の神仏分離令までは「小田山徳城寺」という寺院だった。根城南部氏の北方守護のために毘沙門天を祀ったことから、こう呼ばれた。源義経伝説が残る。　10

琴柱火灯　ことじかとう　琴柱に似た形の火灯窓。九番札所の糠塚・大慈寺（八戸市）の楼門式山門の1階中央入り口は、柱を入れずに琴柱火灯風通路を取り入れているのが特徴。　9

菰　こも　マコモを粗く編んで作った敷物。「筵」ともいう。板敷きの観音堂では座布団替わりに使われた。　12

子安　こやす　安産、子授け、子育てなどを祈願する民間信仰。特に子安観音や子安地蔵が有名。糠部地方ではイタコやカミサマ（霊能者）が、子安石などの呪術品を使って祈禱を行う。　6　10　27

是川縄文館　これかわじょうもんかん　平成23（2011）年、八戸市埋蔵文化財センター「是川縄文館」として開館。是川遺跡や風張1遺跡などを通して縄文文化を発信、遺物の保存管理を行っている。「北海道・北東北の縄文遺跡群」の世界文化遺産登録にも取り組んでいる。国宝の合掌土偶を展示。　2

【さ行】

坂上田村麻呂　さかのうえのたむらまろ　平安初期の公卿、武官。蝦夷征討のための征夷大将軍に任じられ、蝦夷の族長アテルイを降伏させた。胆沢城、志波城を築き、蝦夷経営の拠点を大きく前進させた。　序　1　2　14　15　16　23　26　33

鞘堂　さやどう　文化財を風雨などから保護するため、外側から覆うように建てた建物。「覆堂」「覆屋」ともいう。　27

山号　さんごう　寺院の名称の上に付ける称号。平安時代、山の上に寺院が鎮座していたため、その山名を冠したが、鎌倉時代以降は平地に建立されても用いられるようになった。　8　10　33

山中浄土　さんちゅうじょうど　霊魂が行く浄土が山にある（山中他界観）という考え方。日本各地には霊山があり、古くからの山岳信仰（修験道）と神道・仏教が習合して、山中他界観の思想が誕生した。階上岳や名久井岳もその一例。　30

三峰館寛兆　さんぽうかんかんちょう　江戸後期の八戸を代表する俳諧師。豪商・七崎屋半兵衛の長男で本名・松橋宇助。八戸藩への献金で取り立てられた金上武士であったが、藩の文政改革で七崎屋は財産を没収され、一族は城下追放となった。寛兆は中野村（八戸市南郷）の天徳院に蟄居し、風流を愛でた。絵心もあり、句集の他に『八戸浦之図』『八戸御領内絵図』『嘉永年間風流新板東山道八戸より江戸迄凡百駅百六十九里道中双六』などを残す。　19　31

山門　さんもん　寺院の正門。本来、寺院は山に建てられたことから、こう呼ばれる。「三門」とも書く。山門には金剛力士（仁王）像が安置されることから「仁王門」ともいう。

参籠　さんろう　「お籠(こ)もり」参照。　序 1 11 15 21 29 33

慈覚大師（円仁）　じかくだいし（えんにん）　平安初期の名僧。最澄に師事。入唐し密教を学ぶ。第3世天台座主。天台2派の一つで、比叡山延暦寺による山門派の祖。東北巡歴の伝説がある。　1

示寂　じじゃく　高僧がこの世を去ること。「入寂」「遷化(せんげ)」ともいう。　序 2 20 29 30 33

史跡根城の広場　しせきねじょうのひろば　昭和16（1941）年、国史跡に指定された根城跡に造営された公園。本丸部分に安土桃山期の建物が復元され、「日本100名城」にも選ばれている観光スポット。ボランティアガイドによる案内が好評。八戸市博物館に隣接。　序 27

四天王　してんのう　寺院の須弥壇(しゅみだん)四隅にそれぞれ配置される4体の守護仏。東方は持国天(じこくてん)、南方は増長天(ぞうじょうてん)、西方は広目天(こうもくてん)、北方は多聞天(たもんてん)。甲冑(かっちゅう)姿で武器を持ち、邪鬼を踏み付ける。「四大王(しだいおう)」ともいう。　12

私度僧　しどそう　奈良時代の律令統制の下、政府の許可を得ずに勝手（私的）に得度、出家した僧侶。　2

四臂型　しひがた　千手観音のように複数の腕を持つ多臂(たひ)像の一つ。「四臂」とは四つの腕のこと。　33

持仏　じぶつ　身の回りに置いたり、持ち歩いたりする仏像。本堂や仏壇の仏像よりも小型で、より身近さを感じる。「守護仏」ともいう。　8

錫杖　しゃくじょう　先端に金属製（錫(すず)製）の輪が付き、柄の部分は木製の杖(つえ)。僧侶や修験者（山伏）が持ち、仏像の持物（じもつ、じぶつ）の一つ。長さは30センチから背丈を超えるものまでさまざま。杖を突くときの音が悪を退けるといわれる。　23

社領　しゃりょう　神社の領地。神社が司法・行政権を有し、管理を行って租税を課したりした。「神領」ともいう。　31

衆徒　しゅうと　修験者（山伏）や僧の集団化が進んだ大寺院における構成員の一人一人を指す。「大衆の徒」という意味。比叡山延暦寺や高野山金剛峯寺、興福寺などの衆徒が有名。糠部地方では、「南部一之宮」といわれる櫛引八幡宮を管理する普門院近くに衆徒六坊（六坊屋敷）があった。　7

宿坊　しゅくぼう　参拝者や僧侶のために造られた宿泊施設。　14

修験・修験者　しゅげん・しゅげんしゃ　山野で寝起きして修行する行者。「山伏」ともいう。奈良時代の役小角(えんのおづぬ)（役行者）を開祖と仰ぎ、真言宗醍醐寺三宝院の当山(とうざん)派、天台宗聖護院の本山派、出羽三山の羽黒派があった。八戸藩は、常泉院が最高位の総録(そうろく)（総元締め）の正年(しょうねん)行事で、藩内の年行事を配下に置き、末端の「同行(どうぎょう)」と呼ばれる一般修験者（里修験）を掌握した。　10 33

修験道廃止　しゅげんどうはいし　明治元（1868）年の神　7 11 13 15 18 22 26 29 30

仏分離令の後、政府が同5（1872）年に発布した修験道廃止令に伴う措置。これにより羽黒派修験者（山伏）は天台宗、当山派修験者は真言宗に所属となった。廃止令により職を失った修験者は全国で約17万人いたという。 18

守護仏　しゅごぶつ　「持仏」参照。 19

種子　しゅし　もともとサンスクリット語の仏を1字で表したが、日本では梵字（種子）自体に力があると信じられ、魔除けとしても使用された。 33

衆生　しゅじょう　迷いの世界にいる、あらゆる生き物。転じてわれわれ人間を指す。 序 30

出家　しゅっけ　今ある環境から離れて僧侶になること。 19

須弥壇　しゅみだん　寺院の本堂内陣で本尊を安置する台。仏のいる須弥山をかたどっている。 8 9 10

巡見使　じゅんけんし　将軍の代替わりごとに全国に派遣され、各藩の治政を視察した特使。八戸藩には寛文7（1667）年から天保9（1838）年までに計8回訪れている。その対応には膨大な経費がかかり、臨時の税も課している。 16 26

定印　じょういん　救いの内容を表した手の形（印相）の一つ。左右の手のひらを上に向けて重ね、親指の先を合わせて印を結ぶ。瞑想する姿を表す。 3

常泉院　じょうせんいん　八戸藩修験者（山伏）の総録（総元締め）。八戸藩成立とともに初代藩主・南部直房が盛岡から招き、天台宗聖護院配下の本山派として藩内修験者をピラミッド型に組織化していった。「領内十カ寺」の一つで、60石を賜る。長者山麓に山伏小路、常泉下など関連した地名が残る。 3 13 18

常燈明堂　じょうとうみょうどう　灯台の役割を果たしたお堂。一番札所の寺下観音堂（階上町）の常燈明堂は、菜種油でともされた光が海上からよく見えたという。「灯明堂」ともいう。 1

聖徳太子　しょうとくたいし　飛鳥時代の皇族。推古天皇の摂政として蘇我馬子と協力し、冠位十二階や十七条憲法を制定して天皇中心の国家づくりを目指した。また、小野妹子を遣隋使として中国の隋に派遣した。仏教を信仰し、日本に広めたことでも知られる。聖徳太子という名前は飛鳥時代以降に付けられた呼び名で、正式には厩戸王。神格化されており、実像はよく分かっていない。 序 13 17 25

条帛　じょうはく　菩薩や明王などの仏像が上半身に掛けている布。左肩から斜めに垂らし、左脇を通り背面から一周し左肩に掛け、たすき状に結ぶ。 33

聖武天皇　しょうむてんのう　奈良時代の第45代天皇。深く仏教を信じ、国ごとに国分寺・国分尼寺を建て、東大寺に像高約15メートルの大仏（盧舎那仏）を鋳造した。天平文化の黄金期をつくる。聖武天皇宸筆と伝わる寺号額が三十三番札所の天台寺（二戸市）にある。 1 33

寺領　じりょう　寺院の領地。大寺院が司法・行政権を有し、

土地管理を行って租税を課したりした。　23 29 33

白銀大火　しろがねたいか　昭和36（1961）年5月29日午後11時40分ごろ、八戸市白銀町で発生した大火。1043戸が罹災した。　6

神仏習合　しんぶつしゅうごう　日本古来の神道と仏教が融合した信仰。奈良時代に生まれ、明治元（1868）年の神仏分離まで続く。12世紀ごろから、神は仏が仮の姿で現れたのだとする本地垂迹・権現の思想が定着する。　序 21

神仏分離　しんぶつぶんり　江戸時代までの神仏習合をやめ、神道と仏教との区別を明確にしようとする明治新政府の宗教政策。神道国教化の方針から、廃仏毀釈運動の激化を招いた。
1 3 4 7 11 13 14 15 16 18 23 26

水瓶　すいびょう　仏像の持ち物の一つで、水を入れた瓶。なんでも願いをかなえるという「功徳水」が入っており、かけると罪や穢れを取り除くことができる。一輪挿しの花瓶のような形が一般的だが、さまざまな形がある。　8 20

厨子　ずし　観音像などの本尊や神仏像を安置する戸棚型の仏具。神仏像を納める祠の役割を果たす。二十一番札所の野瀬観音堂（三戸町）の厨子は「カルタ（刈田）堂」とも呼ばれ、ウンスンカルタ（花札）が全面に貼られている。
2 4 5 7 8 10 11 14
15 16 17 18 19 20 21

千石船　せんごくぶね　米を千石積むことができる木造の巨大帆船。室町時代の千石船は積石数が文字通り千石だったが、江戸時代には幕府が巨大船建造を禁止したため表向きは造られず、大型荷船の俗称となった。　3 8

千日回向　せんにちえこう　故人の成仏や極楽往生を願って行う千日間の念仏供養。修めた行の功徳を他者に振り分けることができる。八番札所の浄生寺（八戸市）に3代八戸藩主・南部通信の生母・浄生院の千日回向追善供養碑が立つ。　8

僧尼令　そうにりょう　奈良時代の養老令の編目の一つで、僧侶を統制する法令。内容は私度の禁止、呪術を用いた民衆布教の禁止、僧尼の破戒行為の禁止などで、この法令により行基らが政府の弾圧を受けた。　33

村社　そんしゃ　「郷社」参照。　4 13 23 31

【た行】

台座　だいざ　仏像を安置する台。台座がないと仏像が威厳なく見えることから「台無し」という言葉が生まれた。観音菩薩の場合、蓮華座が一般的だが、雲座、岩座、禽獣座、須弥座などもある。
2 3 7 9 11 13 14 17
18 22 23 24 26 31 32

胎内　たいない　仏像の内部。一番札所の寺下観音堂（階上町）では正徳5（1715）年、津要玄梁和尚が観音堂に参籠した際、江山和尚が故事来歴を記した巻物を毘沙門天立像の胎内から発見している。小さな仏像が安置されることがあり、それを「胎内仏」という。

平重盛　**たいらのしげもり**　平安末期の武将で、平清盛の長男。保元・平治の乱で活躍した。鹿ケ谷の陰謀事件後に清盛をいさめた美談は有名。清盛より先に病没しているが、その後の生存説がさまざま存在。全国各地の平家隠棲・落人伝説には重盛が登場する。八戸市南郷島守地区もその一つ。　**1　23**

高島成侑　**たかしませいゆう**　元八戸工業大学教授。専門の建築史の分野では北東北の権威として八戸城の建築、三内丸山、根城、浪岡城などの遺跡、寺社建築、民家など広範な調査に貢献した。平成23（2011）年没。享年69歳。　**序　4**

塔頭　**たっちゅう**　大寺院に付属して寺域内に建立された寺院。もともとは高徳の僧が亡くなった際、弟子たちが遺徳を慕って塔（墓所）の近くに建てた小院を指した。「塔中」とも書く。　**2　16**

檀家　**だんか**　特定の寺院に所属し、財政および運営を支援する家。江戸時代の寺請制度により、誰もがどこかの寺院の檀家にならなければならなかった。従って、寺院は戸籍管理の役割を果たし、葬儀や墓地管理も行った。　**14　22　23**

丹後平古墳群　**たんごたいこふんぐん**　八戸市の白山浄水場付近にある、飛鳥～平安前期の100基以上の群集墳。多くの副葬品が出土し、「金装獅噛三塁環頭大刀柄頭」（国指定重要文化財）は特筆できる。蝦夷社会の古墳群として平成11（1999）年に国史跡に指定。出土品は八戸市博物館に展示。　**序　32**

秩父三十四札所　**ちちぶさんじゅうよんふだしょ**　埼玉県秩父地方にある34カ所の観音霊場を巡ること。「西国三十三札所」「坂東三十三札所」と併せて「日本百観音」といい、三十四番札所の水潜寺で結願したら、長野市の善光寺に参詣するのが慣例となっている。　**2**

彫眼　**ちょうがん**　仏像の目の表現方法。木に直接彫り込む。　**9**

長慶天皇　**ちょうけいてんのう**　南北朝時代の南朝第3代天皇。後村上天皇の皇子。大正15（1926）年に在位が確認された。糠部地方各地に来村伝説が残り、墓所といわれる場所もある。南部せんべいも長慶天皇来村伝説に由来する。　**13　24　28　番外**

丁塚　**ちょうづか**　1丁（約109メートル）ごとに距離を刻んだ石造の道標。二十九番札所の鳥越観音堂（一戸町）参道の「シリクイ坂」は急勾配で、丁塚が奥の院までの目安となり、参拝者の助けとなっている。　**序　16　22　31　33**

朝陽映島　**ちょうようえいとう**　明治から昭和にかけて活躍した日本画家・横山大観の代表作。大きくうなる大洋の彼方に瑞雲がたなびき、悠々と富士山がそびえる。昭和14（1939）年作。その他、「無我」「生々流転」などの作品も有名。　**29**

通肩　**つうけん**　衲衣（袈裟）の着方で、両肩を覆って着るこ　**24**

と。 24 31 32

釣り鐘　つりがね　寺院の撞鐘堂などにつってある大きな鐘。撞木で突いて鳴らす。重厚で余韻の残る荘厳な響きが特徴。「梵鐘」ともいう。煩悩を消し去る大みそかの除夜の鐘は有名。 1 16 23 29 33

釣り鐘（一番札所 寺下観音堂）

釣手環　つりてかん　懸け仏や御正体の左右上部に取り付けられた、つり下げるためのひもを通す輪環部分。 5

出開帳　でかいちょう　信徒を募ったり資金を集めたりする目的で行われる秘仏の出張公開。特に江戸後期から盛んになった。元禄15（1702）年に信濃（長野県）の善光寺が十番札所の来迎寺（八戸市）で出開帳を3日間行った際には70両が集まった（『八戸藩（目付所）日記』6月17日条）。 10

手水舎　てみずしゃ　参拝者が手や口など身を清めるための水盤を置く、寺社の参道入り口の建物。「ちょうずや」「ちょうずしゃ」とも読む。「水盤舎」「御水屋」ともいう。 序 13

伝馬継所　てんまつぎしょ　街道の宿駅で、主に公用をこなすための乗り継ぎ用の馬（伝馬）と人夫を置いた所。宿駅ごとに人馬を交替して人や物資を運んだ。 31

土井晩翠　どいばんすい　近代の詩人。東京大学卒業後、突如詩壇に登場し、力強い漢詩調の英雄詩で一世を風靡した。名曲『荒城の月』（滝廉太郎作曲）の作詞者。九戸城（二戸市）に同曲の詩碑が立つ。姓の読みは、元は「つちい」だったが、後に「どい」に改めた。 32

道元　どうげん　鎌倉初期の日本曹洞宗の開祖。勅諡は承陽大師。天台宗、臨済宗を学び、入宋して曹洞禅を伝える。京都からやがて越前の永平寺に移り、以後、貴族・権勢に近づくことを避け、座禅中心の厳格な宗風を高めた。禅の本質や規範を『正法眼蔵』としてまとめた。 19

斗供　ときょう　社寺の軒の荷重を支える部材の総称。柱の上にあって「斗」と「肘木」を組み合わせたもの。「組物」ともいう。 16

得宗領　とくそうりょう　鎌倉時代、北条氏の嫡流の惣領家（執権）のことを「得宗」といい、その者が代々世襲した領地のこと。鎌倉初期には一般御家人が代官を務めることもあったが、やがて在地の豪族が起用されることが多くなった。 19

得度　とくど　出家し、剃髪して仏門に入ること。宗派によってやり方は異なるが、得度式を受式して、初めてその宗派の僧侶として認められる。天台寺名誉住職の瀬戸内寂聴師は昭和48（1973）年、51歳のときに今春聴（今東光）大僧正を師僧として中尊寺にて得度した。 33

トシナ　しめ縄のこと。「年縄」と書く。神社の神域に飾り、世俗領域との境目であることを示す。二十七番札所の釜淵観音堂（田子町）の化粧トシナは氏子により制作、奉納され、

民俗的な文化財でもある。 27

富籤　とみくじ　主に江戸時代に寺社修築・再建の資金収集のために許可を得て販売された籤。「富突き」ともいう。今日の宝くじの起源で、商店街の福引としてもその形を残している。安政4（1859）年には九番札所の糠塚・大慈寺（八戸市）の経蔵建立のために行われている。 9

【な行】

内陣　ないじん　本堂の外陣に対し、内側の本尊安置スペースのこと。宗派によって雰囲気が異なり、外陣に比べて一段高くなっている所もある。基本的には一般者は入れないことになっている。 7 12 15 18 20 21 24 30

名久井岳　なくいだけ　青森県南東部の南部町と三戸町にまたがる標高615・4メートルの山。周辺は名久井岳県立自然公園に指定されている。付近に大きな山がなく、霊峰として人々に信仰されており、麓の東に十九番札所の法光寺（南部町）、西に二十一番札所の野瀬観音堂（三戸町）や二十二番札所の恵光院（南部町）などの古刹が建立されている。 19 21 22 23

投入堂　なげいれどう　断崖絶壁に建立されたお堂。その不可思議さから「修験道の開祖・役小角（役行者）が法力で投げ入れた」「鬼が投げ入れた」などの伝説が生まれ、こう呼ばれるようになった。鳥取県の国宝・三徳山三仏寺の奥の院は代表例。 29

鉈彫り　なたぼり　仏像の彫刻技法の一つ。像の表面を滑らかに仕上げず、わざと鉈で削ったような荒い丸鑿の跡を残す。「鉈彫り」といっても鉈で仕上げるわけではない。 22 26 33

南祖坊　なんそぼう　十和田湖伝説の主人公。現在の南部町斗賀で生まれ、八戸市豊崎の七崎で修行したという修験者（山伏）。十和田湖の主であった「八郎太郎」という龍と7日7晩の激しい戦いの末、八郎太郎を追い出して十和田湖の主となり、「青龍大権現」として十和田神社に祀られた。 序 15 16

南部小絵馬　なんぶこえま　人々が祈りや願いを込めて絵を描いて奉納した小型の木板。七戸町立鷹山宇一記念美術館の絵馬館では見町観音堂や小田子不動堂の絵馬を展示している。盛田稔著『南部小絵馬』参照。 2

南部の私大　なんぶのわたくしだい　旧暦12月29日の小の年を大の年と見なし、1月1日を大みそか、翌日を元日とした糠部地方特有の風習。十七番札所の相内観音堂（南部町）に南部光行が下向した際に祝ったという伝説がある。この風習は明治3（1870）年に廃止。 17

南部師行　なんぶもろゆき　南北朝時代の南朝方武将。鎌倉幕府が滅亡後、北畠顕家に従って陸奥へ入り、糠部郡奉行として八戸に根城を築いた。延元2（1337）年＝建武4年、顕家に従って西上し高師直と戦い、大阪堺の石津の戦いで

顕家と共に戦死。八戸市博物館前に師行の騎馬武者像が立つ。 12 17

仁王門　におうもん　寺院の正門。門には金剛力士（仁王）像が安置される。「山門（三門）」ともいう。 序 21 29 33

西有穆山　にしありぼくざん　江戸末期から明治期の曹洞宗の名僧。湊町（八戸市）出身で、大本山総持寺の管主や曹洞宗第7代管長を務めた。道元禅師の著書『正法眼蔵』の研究に打ち込み、内容を分かりやすく伝えた。神仏分離・廃仏毀釈の嵐の中、仏教界を救った一人で、明治天皇から「直心浄国」の禅師号を賜った。八戸市には西有公園があり、西有穆山禅師顕彰会によって銅像が建立されている。 19

西町屋　にしまちや　八戸藩を代表する在地商人。八戸藩誕生の際、新井田村の西町から八戸城下の廿八日町に移住した。代々石橋徳右衛門を襲名し、酒造業を基盤に遠隔地交易にも携わり、八戸藩の経済を掌握した。 10

根城・根城南部氏　ねじょう・ねじょうなんぶし　建武元（1334）年に南部師行が築城。寛永4（1627）年に遠野（岩手県）へ領地替えになるまでの約300年間、糠部地方の中心地。この領地替えは、南部一族の当主・利直が、根城南部の当主・直義に命じた。遠野は伊達領との境であり、紛争が多い上、阿曾沼氏の旧領で抵抗勢力が強く、統治が難しいとされていた。根城南部氏が、領内統一の邪魔になるとみなされたための措置だったともいわれる。女城主であった21代清心尼を主人公とした小説『かたづの！』（中島京子著）が注目され、里中満智子により漫画化された。 2 3 4 5 7 8 9 10 11 12 14 16 17 22

年行事　ねんぎょうじ　八戸藩は、天台宗系本山派修験者（山伏）の総録（総元締め）・常泉院の配下に年行事として、久慈村南学院と南善院、軽米村松本院、売市村大泉院、名久井村来光院の5人を配置し、その末端のそれぞれの同行（里修験）を掌握した。修験者は村内の祭祀や厄除け・病気平癒などの加持祈禱を行い生計を立てていた。 18

納衣　のうえ　もともとは出家修行者が着用する、古布を縫い合わせた衣服のこと。現在では立派な袈裟を指すことが多い。 24 27 31 32

納札・納札板　のうさつ・のうさつばん　納札とは、参詣記念のため、自分の名前や住所などを記して観音堂などに打ち付けた木札のこと。建物を傷めることから、木札を打ち付ける代わりに紙札を貼ったり、本堂に用意された納札箱に入れたり、境内の納札板に貼るようになった。 序 5 10 12 21 32

上り街道　のぼりかいどう　江戸時代、八戸藩主が参勤交代の際に通った街道。江戸に上るために使ったことから、こう呼ばれる。市野沢（八戸市南郷）、観音林（軽米町）を経て福岡（二戸市）の奥州街道との分岐点に至る。市野沢と観音林に伝馬継所、御仮屋があった。 31

【は行】

拝殿　はいでん　神社建築の一つ。基本的に、ご神体を祀る本殿に向かって手前から拝殿、幣殿、本殿と配置される。拝殿は、一般参拝者が祈願をする場所。　序　4　13　26

廃仏毀釈　はいぶつきしゃく　政府が神道国教化を図るために明治元（１８６８）年に発布した神仏分離令を機に、全国的に広がった寺院や仏像を破壊する運動。一時、仏教界は大打撃を受けた。　4　18　33

階上岳　はしかみだけ　階上町と洋野町にまたがる標高７３９・６メートルのなだらかな山。牛が寝そべった姿に似ていることから、別名「臥牛山」。また、岩手県側では「種市岳」、青森県側の八戸市松館地区では「鳥屋部岳」とも呼ぶ。北東麓には一番札所の寺下観音堂（階上町）がある。ツツジの群生地としても有名。　1

馬仙峡　ばせんきょう　馬淵川中流に位置する二戸市の名勝地。川面から高さ１８０メートルの男神岩、１６０メートルの女神岩の巨岩がそびえ、男神岩の上方にある展望台からはダイナミックな景観を楽しめる。他に大崩崖、明神ケ淵などの名所がある。　30

八戸市博物館　はちのへしはくぶつかん　八戸市根城の国史跡である中世南部氏の城跡地に立地している市営の博物館。考古、民俗、歴史、無形資料の常設展示室を備える。また、八戸の民話や方言に加え、祭りや芸能、市内の小中学校校歌などに、音声や映像で触れることができ、八戸の歴史を通観できる。特別展や企画展など、さまざまな催しも開催されている。　3　12

八戸大火　はちのへたいか　大正13（１９２４）年5月16日深夜に発生した大規模火災。本徒士町から出火し、折からの強風にあおられて八戸の中心街を焼き尽くし、多くの文化財も焼失した。前年に関東大震災があり、政府の資金援助を受けることができなかった。その悲惨さを十番札所の来迎寺境内の阿弥陀如来石像で知ることができる。　10

肘木　ひじき　日本建築や寺社建築で、斗と共に組物を構成し、柱の真上にある桁を支える横木。斗の位置や施された彫刻によってさまざまな種類がある。　23

毘沙門天　びしゃもんてん　四天王のうち、北方を守護する多聞天が単独で祀られた姿。現世利益を与えてくれるとされる七福神の一尊で、甲冑姿で邪鬼を踏み付け、威圧的な表情をしている。　1　2　7　16　18　26

左甚五郎　ひだりじんごろう　江戸初期の建築・彫刻の名工。播磨出身といわれ、生没年不詳。講談や歌舞伎で語られ、姓の由来は左利きだったからとか、右腕がなかったからとか諸説あり、伝説的要素が強い。日光東照宮「眠り猫」の作者としても有名だが、甚五郎が手掛けたという根拠はない。　2

人身御供　ひとみごくう　人間を神へのいけにえとすること。「白羽の矢が立つ」とは、いけにえに選ばれた人の家に目印

として矢を立てることをいう。 15

秘仏　ひぶつ　信仰上の理由で、厨子などに安置されて扉を閉じられ、誰も見ることができない仏像。 1 3 5 6 7 11 12 13 14 15 16 17 20 21 22 26 28 29 31

舞楽面　ぶがくめん　舞楽に用いられる仮面。蘭陵王、胡徳楽、納曽利などがあり、それぞれ特徴的な表情をしている。 16

復飾　ふくしょく　修験者（山伏）や僧侶が還俗すること。明治元（1868）年の神仏分離令によって、修験者や衆徒は神職として新たに神社に奉仕するようになった。同5（1872）年に修験道は廃止され、山内の寺院や坊舎は廃絶した。 14 16 26

補陀落・補陀洛（補陀）　ふだらく（ふだ・ほだ）　観音菩薩が住む世界で、観音菩薩が降り立つ伝説上の山のこと。「補陀落山」「補陀落迦山（ぽたらかさん）」ともいう。小舟に乗って補陀落を目指すことを「補陀落渡海」という。 序 1 28

扶持　ふち　俸禄を与えること。給米。一人扶持は1日5合が標準。 序 10 25

仏師　ぶっし　仏像を彫る専門の職人。平安時代の京都院派の定朝や、奈良時代の奈良慶派の運慶、快慶が有名。江戸時代の糠部地方には奇峰学秀や津要玄梁、岩崎文治良がいた。 6 7 17 19 20 22 27 28 31 33

幣殿　へいでん　神社建築の一つ。基本的に、ご神体を祀る本殿に向かって手前から拝殿、幣殿、本殿と配置される。幣殿は、本殿と拝殿をつなぎ、祭神にさまざまなものを奉り、祭事に使われる場所。 26

扁額　へんがく　山門や鳥居など寺社の高い位置に掲げられ、寺社名や、寺社に関わる文字が記された額。創建の際、著名人が揮毫することが多く、墨跡として文化財の扱いを受けるものもある。また、後世に記録を伝える役割も持つ。 序 3 5 13 19 20 31 32

宝冠　ほうかん　仏像の装身具で、宝石で飾った冠。基本的には菩薩が身に着ける。頭全体に載せるものと、額前面だけを覆うものがある。 4 14 18 24 28

宝形造り　ほうぎょうづくり　屋根の建築形式の一つ。隅棟が中央の一点に集まり、4枚の屋根全てが三角形になる。頂部には宝珠などを載せる。 1 2 18 24 25

宝髻　ほうけい　仏像の結い上げた頭髪のこと。主に菩薩像や天部像に見られる。 7

宝剣額　ほうけんがく　煩悩や災厄を断ち切ることを念じ、祭神の持ち物である尊い剣を納めて神社に奉納した額。宝剣は、寺院では仏像の持物（じもつ、じぶつ）の一つで、煩悩を断つ知慧の力の象徴。不動明王や千手観音などが持つ。 7

北条時頼　ほうじょうときより　鎌倉幕府5代執権。晩年に鎌倉へ最明寺を建てて出家し、「最明寺入道殿」と呼ばれた。旅僧に姿をやつした時頼の回国伝説は歴史文学『増鏡』『太

平記』などに見られ、特に謡曲『鉢木』は名高い。『鉢木』に類似した回国伝説が十九番札所の法光寺（南部町）に残る。 19

疱瘡　ほうそう　天然痘のこと。伝染力が極めて強く、発疹期の死亡率も高かった。種痘が普及するまで最も恐ろしい厄病とされていた。後遺症として痘痕が残りやすい。『八戸藩日記』には疱瘡平癒祈禱の記述が多く見られる。 16

蓬萊鏡　ほうらいきょう　神様の依り代としての役割を果たす、神聖な鏡である御神鏡の一つ。 14

菩提・菩提寺　ぼだい・ぼだいじ　菩提とは「供養すること」「死後の冥福」を意味する。菩提寺は、先祖代々供養や法要をしてもらい、位牌を祀っている寺院。 8 9 10 11 12 14

補陀落迦山　ぽたらかさん　「補陀落・補陀洛（補陀）」参照。 19

発願・発心　ほつがん・ほっしん　観音菩薩をはじめ神仏に願を立てること。また、巡礼を決意すること、巡礼をスタートすること。 序 1 6 22 32

誉田別尊　ほむたわけのみこと　「八幡様」と呼ばれ、今もなお多くの人々に親しまれている祭神。「ほんたわけのみこと」とも読む。特に源氏を代表する武家から厚く信仰され、武神・軍神として全国に信仰が広まった。応神天皇と同一とされ、母・神功皇后が三韓征伐の際に身重で戦ったことから、「胎中天皇」の別名もある。 13

本尊　ほんぞん　本堂や観音堂の祭壇や仏壇に信仰の中心として祀られる仏像。何を本尊とするかによって宗派が分かる。礼拝の対象が掛け軸や自然石などのこともあり、仏像と限らない。 序 1 2 3 4 5 6 8 9 11 13 14 18 20 21 22 23 25 26 27 28 29 30 31 32 33 番外

本殿　ほんでん　神社建築の一つ。基本的に、ご神体を祀る本殿に向かって手前から拝殿、幣殿、本殿と配置される。本殿は、神社の最も神聖な場所で「正殿」とも呼ばれる。通常は鍵が掛けられ、扉は閉じている。 13 15 16 26

【ま行】

末寺　まつじ　宗派の中心寺院である本山、本寺に従属する一般寺院。江戸幕府が寺院統制のために設けた本山末寺制度に基づく。 9 13 19 22 23 25 32

曼荼羅　まんだら　仏の世界を図示した絵画のこと。金剛界曼荼羅と胎蔵界曼荼羅があり、真言宗系寺院が多く所蔵する。 序

御正体　みしょうたい　神仏習合の考え方から、神の本体を御神鏡に刻んだ鏡像のこと。神道的な呼び方で、仏教では「懸け仏」という。 5

水垢離　みずごり　神仏に祈願する前に水垢離場や川などで水を浴び、身を清めて罪や穢れを取り除き、心身を清浄にすること。「禊ぎ」「水行」ともいう。 2

密教　みっきょう　秘密の教えのこと。内面の世界で自己を破り、仏と合一することを目指すため、生きたまま成仏する「即身成仏」を説く。山岳信仰と融合し、修験道となって民衆にも広がった。民衆に分かりやすく説こうとする大乗仏教（顕教）とは異なり、閉ざされた師弟関係によって口伝される。加持祈禱を特徴とし、真言宗系「東密」と天台宗系「台密」がある。　16　18

源為朝　みなもとのためとも　平安末期の武将。九州に武威を示し、「鎮西八郎」と呼ばれた。保元の乱で、父の為義と共に崇徳上皇方に参加したため、敗れて伊豆大島に流罪となった。その後、沖縄に逃れて琉球王国の始祖になったという伝説がある。　7

源義家　みなもとのよしいえ　平安後期の武将。通称は八幡太郎。前九年合戦に従軍し、陸奥守・鎮守府将軍となり、後三年合戦を平定する。ところが朝廷はこの戦いを私闘と判断し、恩賞を与えなかった。そのため義家は随従した武士に私財を恩賞として与え、関東武士の信望を集めた。武家でありながら、後に院昇殿を許された。　29

源義経　みなもとのよしつね　平安末期の武将で、源頼朝の弟。奥州に下り、藤原秀衡の援助を受けて成長。頼朝挙兵の際、平家討伐に活躍するが、平家滅亡後、頼朝に疎まれて平泉で討たれた。しかし、その後、糠部地方をはじめ北東北、北海道で生存説が唱えられた。　序　4　6　11　20

宮大工　みやだいく　神社・仏閣を建築・修復する専門の大工。江戸時代の八戸藩では上野與惣治福重棟梁が藩のお抱えだった。　9

武蔵坊弁慶　むさしぼうべんけい　平安末期の武将・源義経の家来の一人。義経主従は衣川館では死なず、平泉を脱して奥州の北端や蝦夷地へ逃れたとする、いわゆる「義経北行伝説」にも数多く登場する。八戸地方でも、八太郎村のほたる崎に寺院を建立して観音像を彫らせたという伝説の他、三八城神社境内には弁慶の足型が残る弁慶石がある。　11

棟札　むなふだ　寺社や堂舎の創建や修理の際、その事由を木札に墨書きして棟や梁に打ち付けた記録のこと。多くは建物の由緒、建築者、大工、建築年月日、修理記録などを記す。古くは棟木に直接書いた。「むねふだ」「とうさつ」とも読む。　2　3　9　13　15　17　18　21　23　24　26　28　30　33

目付　めつけ　家臣の動向や諸事を監視・観察する役目の職名。『八戸藩（目付所）日記』は、八戸藩士の任免・服務などの人事や、領内の治安維持などに関して記した記録のこと。　1　10　11　31

面相　めんそう　顔つき、容貌のこと。　2　9　11　12　16　18　21　22　25　27

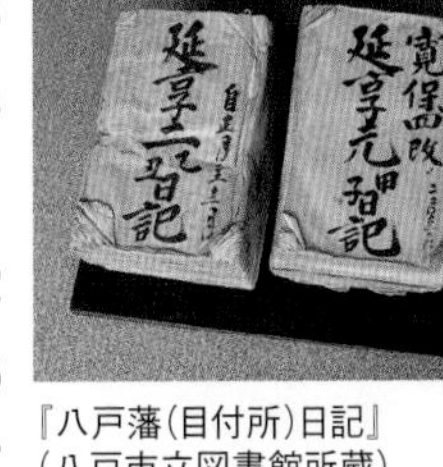

『八戸藩(目付所)日記』
(八戸市立図書館所蔵)

髻　もとどり　髪形の一つで、髪を頭上に束ねて結んでいる様式、またはその部分。
24 27 31 番外

門前・門前町　もんぜん・もんぜんまち　門前とは寺社の門の前のこと。または門前町の略称。門前町とは大きな寺社を中心に形成された町のこと。歴史的な市街地でもあり、現在も歴史的風情をとどめている地域が多い。
1 7 8 14 15 23 25

【や・ら・わ行】

宿寺　やどでら　遠方にある寺院が八戸城下に設けた出張所。松館・大慈寺は糠塚・大慈寺、新井田・対泉院は類家・心月院、名久井・法光寺は糠塚・光龍寺を宿寺としていた。「しゅくじ」「しゅくでら」とも読む。 9

簗田平治　やなたへいじ　居合の達人だった八戸藩士。小説『大菩薩峠』（中里介山著）に、八戸の剣豪として登場する。藩伝神道無念流居合を継承した北村益（元八戸町長）が記した『八戸武芸名人録』にも収録され、さまざまなエピソードを残す。
1 11

八幡馬　やわたうま　八戸地方に伝わる郷土玩具。三春駒（福島県）、木ノ下駒（宮城県）と共に「日本三駒」の一つに数えられている。「うまっこ」の愛称で呼ばれる。
13 21

遊行上人　ゆぎょうしょうにん　時宗の指導者に対する敬称。幕府からの伝馬朱印状を持って、全国でお札を頒布するなどの布教活動を行ったため、諸藩は接待に気を遣った。十番札所の来迎寺（八戸市）や願栄寺（同）はその宿坊として提供された。
10 31

遙拝所　ようはいじょ　寺社や観音堂から離れた地点に設けられた、拝むための場所。
28

寄木造　よせぎづくり　木彫像の制作技法の一つで、2本以上の木材を剥ぎ合わせて仕上げる方法。一木造には大木が必要だが、寄木造は小木で巨像を作ることができる。平安中期以降の技法で、京都院派の定朝が完成させた。
28 32

領内十カ寺　りょうないじゅっかじ　八戸藩領の寺格が高い10の寺。毎年正月に年頭の書が渡される。南宗寺、豊山寺、法光寺、禅源寺、本寿寺が領内五カ寺で、対泉院、大慈寺、来迎寺、永久寺、常泉院を加えて十カ寺。豊山寺と永久寺は明治元（１８６８）年の神仏分離により廃寺となった。
9 10 11

霊松院　れいしょういん　江戸時代前期の女性で、初代八戸藩主・南部直房の側室。2代南部直政の生母。
10 11

蓮華　れんげ　泥沼の中にあっても美しい花を咲かすことから、煩悩に汚されることなく清らかであるとして、観音菩薩の象徴とされた花。観音像の持物（じもつ、じぶつ）とされることが多い。
5 8 11 12 14 15 17 21 23
24 25 27 28 31 32 33 番外

蓮華座　れんげざ　蓮の花の形に作られた台座。蓮台、蓮華台ともいう。
4 7 21 23 27

蓮弁　**れんべん**　蓮の花弁。蓮華座の上部にあしらわれ、蓮華部は蓮肉と蓮弁から成る。　14

楼門式山門　**ろうもんしきさんもん**　2階建てで縁があり、屋根を持つ山門。2階に十六羅漢が納められ、門の両脇には仁王像が安置される。糠塚・大慈寺、対泉院、松館・大慈寺の山門は八戸三大楼門式山門で、いずれも青森県重宝に指定されている。　9

六部・六十六部　**ろくぶ・ろくじゅうろくぶ**　法華経を66回写経し、全国66カ所の霊場に1部ずつ納める目的で回国する僧のことで、六十六部衆の略称。糠部地方でも回国供養碑を見ることができる。　6

六歌仙　**ろっかせん**　平安前期の和歌の名手6人の総称。遍昭、在原業平、文屋康秀、喜撰法師、小野小町、大伴黒主を指す。二十四番札所の古町・隅ノ観音堂（南部町）に六歌仙それぞれを描いた6枚の絵馬が奉納されている。　24

六歌仙を描いた絵馬
（二十四番札所 隅ノ観音堂）

脇士　**わきじ**　本尊の隣で護衛する仏像。仏を補佐して衆生(しゅじょう)を救済する。例えば阿弥陀如来には観音菩薩(ぼさつ)と勢至菩薩が脇士として従う。「きょうじ」とも読む。　1　16

鰐口　**わにぐち**　観音堂などの正面軒先に布を編んだ太い綱と共につり下げられた、金属製で円形の扁平中空音具。形が鰐の口に似ていることから、こう呼ばれる。神社の鈴に当たる。　序　3　5　16　22　28　31　33

「糠部三十三札所」発心碑（八戸市の長者山山寺）

あとがき

　デーリー東北新聞に平成30（2018）年10月11日から令和元（2019）年6月27日まで35回連載した「御代替わりの糠部三十三観音めぐり」を、このたび『奥州南部観音霊場巡り　糠部三十三札所』と題してデーリー東北新聞社より上梓する運びとなりました。

　以前、平成13（2001）年10月4日から同15（2003）年6月19日まで同紙に88回連載したものを書籍化した『奥州南部糠部三十三カ所観音霊場めぐり』を発行したのですが、すぐに売り切れてしまいました。その後もこの本を求める人が後を絶たず、同社より改めて発行するよう依頼を受けていた次第です。

　そこで改元の御代替わりを機に、内容を精選し、装いも新たにしました。歴史の最新情報を盛り込み、各霊場の写真をふんだんに掲載。また、用語解説を巻末に掲載することにしました。さらに、持ち歩きのことを考えて「携帯用巡礼案内」を付録として付けました。

　寛保3（1743）年に則誉守西上人が巡礼した各霊場では、今でもゆっくりとした時間が流れています。中には火災に見舞われたり、明治の廃仏毀釈運動で大打撃を受けたり、住職や管理者がいない時代があって朽ちかけたりした所もありましたが、今日までずっと祀られてきたことを思えば、いかに根強い信仰の対象であったかが伺えます。

　観音巡りは自然の中で生かされている自分を自覚し、自然と一体化し、自然と共に呼吸する「心の安らぎを求める旅」でもあります。参拝した各霊場で感じたことを短歌、俳句、川柳の文芸として残すのもいいし、絵を描くこともいいでしょう。写真を撮るのとまた違った魅力があるものです。

　結びに当たり、霊場を管理する皆さまをはじめ、ご協力頂いた方々、デーリー東北新聞社出版部長佐藤実生子様、日野智之様、写真撮影担当の岩村雅裕様、そして「推薦のことば」を頂きました三十三番札所の天台寺名誉住職の瀬戸内寂聴様へ厚くお礼申し上げ、私の巡礼札打ちとさせていただきます。

結願の朱印へ観える風の艶　善英

参考文献（敬称略）

■奥州南部糠部順礼次第全（則誉守西）＝八戸市立図書館所蔵
■御領内寺院来由全＝八戸市立図書館所蔵
■諸寺院寺号山号帳＝八戸市立図書館所蔵
■文久元年八戸祠佐嘉志＝八戸市立図書館所蔵
■教部省社寺取調類纂〈写本〉（原本・国立国会図書館所蔵）
■八戸藩日記＝八戸市立図書館所蔵
■明治初年神社調＝八戸市立図書館所蔵
■常泉院文書＝八戸市立図書館所蔵
■八戸浦之図（三峰館寛兆）＝八戸市立図書館所蔵
■嘉永年間風流新板東山道八戸より江戸迄凡百駅百六十九里道中双六（三峰館寛兆）＝八戸市立図書館所蔵
■文久改正八戸御城下絵図＝八戸市立図書館所蔵
■安藤きぬ女家族書上（新渡戸文書）＝岩手大学図書館所蔵
■北奥路程記（漆戸茂樹）＝岩手県立図書館所蔵
■内史略（横川良助）＝岩手県立図書館所蔵
■盛岡藩雑書＝盛岡市中央公民館所蔵
■寛永年間三戸御古城之図＝盛岡市中央公民館所蔵
■篤焉家訓＝盛岡市中央公民館所蔵
■来迎寺由来記＝八戸市松橋孫助家所蔵
■梨木平観世音縁起＝八戸市北川家所蔵
■浄生寺縁起＝涼雲山浄生寺所蔵
■浄生寺再調之事＝涼雲山浄生寺所蔵
■万日記＝青森県立図書館所蔵
■永福寺寺院史＝宝珠盛岡山永福寺所蔵
■悟真寺縁起＝終南山悟真寺所蔵
■応物寺廃頽記＝階上町桑原家所蔵
■櫛引八幡宮由来記＝櫛引八幡宮所蔵
■郷社七崎神社誌（小泉幸雄）＝七崎神社所蔵
■霊現堂縁起＝南部町剣吉川村家所蔵
■根城村観世音縁起＝八戸市西澤家所蔵
■元禄十六年相内村観音堂由来記＝相内観音堂所蔵
■宝永三年白華山法光禅寺諸来歴記（峰山光雪）＝白華山法光寺所蔵
■天保十五年東福院良海縁起＝一戸町鈴木家所蔵
■諸法山願海院実相寺由緒＝諸法山実相寺所蔵
■天台寺古絵図＝寶鏡山清養院所蔵
■過去帳＝各札所寺院所蔵
■棟札＝各寺社所蔵
■天保四年盛岡砂子（星川正甫）南部叢書刊行会発行
■邦内郷村志（大巻秀詮）南部叢書刊行会発行
■三翁昔語（新田政箇）青森県叢書刊行会発行
■図印集（田村武右衛門）国書刊行会発行
■大館村誌（小井川潤次郎）国書刊行会発行
■青森県史　資料編　中世1（青森県史編さん中世部会）青森県発行
■新編八戸市史　中世資料編（八戸市史編纂委員会）八戸市発行
■新編八戸市史　民俗編（八戸市史編纂委員会）八戸市発行
■八戸市史（八戸市史編纂委員会）八戸市発行
■八戸藩士系譜書上（八戸市立図書館市史編纂室）八戸市発行
■八戸南部史稿（八戸市立図書館市史編纂室）八戸市発行

■八戸の神社寺院由来集（八戸市立図書館市史編纂室）八戸市発行
■八戸藩遠山家日記（八戸市立図書館市史編纂室）八戸市発行
■八戸市史民俗調査報告書　大館地区（滝尻善英執筆分）八戸市発行
■三戸町史　中巻（三戸町史編集委員会）三戸町発行
■南部町誌　下巻　民俗信仰編（滝尻善英執筆分）南部町発行
■名川町誌　第二巻　本編Ⅱ　信仰編（滝尻善英執筆分）名川町発行
■階上町史　通史編Ⅱ　文化財編（滝尻善英執筆分）階上町発行
■福地村史　下巻　民俗編（滝尻善英執筆分）福地村発行
■六戸町史　上巻　民俗編（滝尻善英執筆分）六戸町史刊行委員会発行
■田子町誌（小井田幸哉編）田子町発行
■浄法寺町史（浄法寺町史編纂委員会）浄法寺町発行
■第5回南部学研究会「三戸御館」聖寿寺館とその空間構成（南部町教育委員会）南部町発行
■岩手県史　第5巻　近世篇2（岩手県）杜陵印刷発行
■三戸町郷土誌稿（三戸郷土史編集委員）三戸町教育委員会発行
■天台寺研究　創刊号（山崎武雄執筆分）浄法寺町教育委員会発行
■一戸町の仏像（一戸町教育委員会）一戸町教育委員会発行
■ながわ七観音詣り（滝尻善英）名川町教育委員会発行
■階上町のうぶすなさま探訪（滝尻善英）階上町教育委員会発行
■はしかみの民俗と信仰（滝尻善英）階上町教育委員会発行
■八戸の社寺建築（高島成侑）八戸市教育委員会発行
■二戸郡誌（二戸郡誌編集委員会）臨川書店発行
■にのへの心（滝尻善英）二戸市市制施行20周年記念実行委員会発行
■はちのへのお寺さん（八戸市博物館）八戸市博物館発行
■八のへの米（八戸市博物館）八戸市博物館発行
■みちのくの霊山・桂泉観音　天台寺（大矢邦宣）岩手県立博物館発行
■青森県「歴史の道」調査報告書（青森県立郷土館）青森県教育委員会発行
■南部の仏像　上北・三八地方寺社所蔵文化財調査報告書（青森県環境生活部県民生活文化課県史編さんグループ）青森県発行
■八千とせの松（大慈寺）福聚山大慈寺発行
■安穏の祈り（滝尻善英）正栄山本寿寺発行
■小中野風土記（小井川潤次郎）小中野中学校発行
■信仰の里松舘（滝尻善英）松舘小学校ＰＴＡ発行
■きたおぅう人物伝（八戸近代史研究会）デーリー東北新聞社発行
■八戸町内風土記（デーリー東北新聞社）デーリー東北新聞社発行
■ふるさとの寺院（デーリー東北新聞社）デーリー東北新聞社発行
■ふるさとの心（金子善兵衛）デーリー東北新聞社発行
■八戸御城下三十三番札所巡り（滝尻善英）デーリー東北新聞社発行
■南部の碑は語る（滝尻善英）デーリー東北新聞社発行
■奥州南部糠部三十三カ所観音霊場めぐり（滝尻善英）デーリー

東北新聞社発行
■奥州三十三観音の旅（河北新報社）河北新報社発行
■青森県人名事典（東奥日報社）東奥日報社発行
■いわてのお寺さん・県北と北部沿岸（外内英子）テレビ岩手発行
■はじめての西国三十三所巡り（日本放送協会）ＮＨＫ出版発行
■小井川潤次郎遺作集（小井川潤次郎）伊吉書院発行
■八戸郷土誌（沼館愛三）伊吉書院発行
■南部諸城の研究（沼館愛三）伊吉書院発行
■八戸の歴史（西村嘉）伊吉書院発行
■南部八戸の城下町（高島成侑、三浦忠司）伊吉書院発行
■城下町南部八戸の歴史（三浦忠司）伊吉書院発行
■津要玄梁　八戸の坊さん達（小井川潤次郎）木村書店発行
■新井田街道（小井川潤次郎）木村書店発行
■館村の話（小井川潤次郎）木村書店発行
■シリーズ藩物語・八戸藩（本田伸）現代書館発行
■八戸南部藩用語辞典（酒井久男）九戸歴史民俗の会発行
■城破りの考古学（栗村知弘執筆分）吉川弘文館発行
■青森県の地名（平凡社）平凡社発行
■御領分社堂（岸昌一）岩田書院発行
■南部史要〈復刻再版〉（菊池悟朗）熊谷印刷出版部発行
■八戸藩史料（前田利見）郷友会発行
■新撰陸奥国誌（岸俊武）国書刊行会発行
■日本史Ｂ用語集（全国歴史教育研究協議会）山川出版社発行
■青森県の歴史散歩（青森県高等学校地方史研究会）山川出版社発行
■青森県謎解き散歩（盛田稔）新人物往来社発行
■仏像見わけ方事典（芦田正次郎）北辰堂発行
■まるわかり「仏像図鑑」（エディキューブ、仏像と寺を楽しむ会）双葉社発行
■仏像の再発見（西村公朝）吉川弘文館発行
■仏像の印相をたずねて（秋山正美）文進堂発行
■図説みちのく古仏紀行（大矢邦宣）河出書房新社発行
■義経・はちのへ北の足跡（滝尻善英）ポストタクシー発行
■奥州南部糠部順礼次第全（小井川潤次郎）八戸郷土研究会発行
■舘村誌（小井川潤次郎）舘村役場発行
■舘村沿之革（小井川潤次郎）舘村役場発行
■祠堂十八（小井川潤次郎）自家版
■白銀の民俗（越後松助）自家版
■白樺（大久保源太郎）自家版
■糠塚風土記（大久保源太郎）自家版
■２００２年度版奥州南部糠部三十三観音めぐり（阿部久雄）自家版
■神社明細帳（青森県神社庁）青森県神社庁発行
■島守家系譜を読み解く（滝尻善英）島守安芸を偲ぶ会発行
■三戸郷土史（北村芳太郎）歴史図書社発行
■お寺なぜなぜ事典（大法輪閣編集部）大法輪閣発行
■大法輪　平成15年3月号（大法輪閣編集部）大法輪閣発行
■下北半島三十三カ所観音霊場巡り（滝尻善英）きたおうう巡礼の会発行

滝尻　善英（たきじり・よしひで）

昭和32（1957）年八戸市生まれ。八戸御前神社神職。元高校教員。青森県文化財保護協会副会長、八戸市文化財審議委員。また、八戸市史編集委員会民俗班班長として八戸市史編纂に携わる他、岩手県北地方、さらに青森県南地方のほとんどの自治体史（市町村史）の委員として執筆に携わった。
その他、はちのへ川柳社会長、北方書道会会長。八戸市在住。

【主な著書】

『八戸御城下三十三番札所巡り』デーリー東北新聞社
『ながわ七観音詣り』名川町教育委員会
『にのへの心』二戸市市制施行20周年記念実行委員会
『下北半島三十三カ所観音霊場巡り』きたおうう巡礼の会
『はしかみの民俗と信仰』階上町教育委員会
『奥州南部糠部三十三カ所観音霊場めぐり』デーリー東北新聞社
など

奥州南部観音霊場巡り

糠部三十三札所

発　行	2020年5月30日
著　者	滝尻　善英
発行者	荒瀬　潔
発行所	株式会社デーリー東北新聞社 〒031-8601 青森県八戸市城下1-3-12 TEL　0178（44）5111
印刷・製本	山口北州印刷株式会社

落丁・乱丁本はお取り替えいたします。定価は表紙に表示してあります。